TRABALHOS COM FAMÍLIAS EM PSICOLOGIA SOCIAL

Blucher

TRABALHOS COM FAMÍLIAS EM PSICOLOGIA SOCIAL

Belinda Mandelbaum

2ª edição revista e ampliada

Trabalhos com famílias em Psicologia Social

1ª edição – Casa do Psicólogo, 2014
2ª edição – Blucher, 2023
Editora Edgard Blücher Ltda.

Publisher Eduardo Blücher
Editores Eduardo Blücher e Jonatas Eliakim
Coordenação editorial Andressa Lira
Produção editorial Thaís Pereira
Preparação de texto Fabiane Zorn
Diagramação Negrito Produção Editorial
Revisão de texto Maurício Katayama
Capa Laércio Flenic

Blucher

Rua Pedroso Alvarenga, 1245, 4º andar
04531-934 – São Paulo – SP – Brasil
Tel.: 55 11 3078-5366
contato@blucher.com.br
www.blucher.com.br

Segundo o Novo Acordo Ortográfico, conforme 6. ed. do *Vocabulário Ortográfico da Língua Portuguesa*, Academia Brasileira de Letras, julho de 2021.

Dados Internacionais de Catalogação na Publicação (CIP)
Angélica Ilacqua CRB-8/7057

Mandelbaum, Belinda

Trabalhos com famílias em psicologia social / Belinda Mandelbaum. – 2. ed. – São Paulo : Blucher, 2023.

206 p.

ISBN 978-65-5506-602-9

1. Psicologia social 2. Desemprego 3. Educação infantil 4. Violência familiar I. Título

23-3532 CDD 302.01

Índice para catálogo sistemático:
1. Psicologia social

Dedico este livro à Sylvia Leser de Mello,
seu trabalho como professora e pesquisadora
mobilizou o meu no campo da Psicologia Social

Conteúdo

Prefácio
Da lentilha e das aftas: uma viagem pela imaginação familiar

Sylvia Leser de Mello

Como fugir ao mínimo objeto
Ou recusar-se ao grande?
Carlos Drummond de Andrade, *A Rosa do Povo*

Uma gaiola ia à procura de um pássaro.
Franz Kafka, *Essencial*

Este livro nos convida a um passeio pelos caminhos emaranhados, difíceis e confusos das tramas e armadilhas com as quais a vida familiar pode nos fazer deparar ou mesmo confrontar, mas também com a profunda humanidade que corre em seu fundamento.

É um convite encantador. De Freud a Bachelard, de Drummond a Kafka e ao mito, de Ulisses às Escrituras, não deixamos nem por um momento de apreciar as paisagens que Belinda vai tecendo e retecendo, pintando e marcando com o selo pessoal de uma verdadeira pesquisadora, voluntariamente presa ao tema que a atrai: a família. Mas é preciso ler com atenção, pois, embora aparentando pouca complexidade, nada nestes capítulos é simples:

desde a linguagem até a escolha de seus autores e interlocutores, tudo exige cautela e, sobretudo, interesse participante. Belinda fala ao leitor e o estimula ao prazer do pensamento.

A família é uma pergunta cuja resposta ainda está em suspenso. Instituição repressiva ou refúgio? Condensação de experiências emocionais que constituem o solo do qual dependemos ou pântano onde corremos o risco de afundar nosso eu singular e único? O desafio que Belinda propõe pode ocupar uma vida inteira de estudos e pesquisas. É muito sedutor e, certamente, necessário aderir às teorias que intencionam explicar o funcionamento da família, sua estrutura, as diferentes maneiras utilizadas pelos povos para conviver uns com os outros, para inserir os membros mais jovens na sociedade, para preservar formas de viver e de dar continuidade ao que herdamos, para operar dentro delas e com elas, a fim de ter uma ideia mais clara do poder explicativo que possuem. Teorias que precisam ser amplas o bastante para colocar as coisas em seu devido lugar, mas abstratas o bastante para permitir acordos com as variadas experiências, ajustes nos sentimentos, acomodações na tolerância e justificativas justas ou injustificadas. Mas a sagaz pesquisadora sabe que, quando se trata da vida de cada um, do cotidiano que essa vida vive, nenhuma abstração ou teoria é suficiente.

Já se disse que, para os recém-chegados, a família é involuntária. Há uma indeterminação maravilhosa nesse acontecimento: não é só a cor dos olhos ou a cor da pele que recebemos. Também recebemos, como seres humanos, o "dúplice dom da liberdade e da ação", como diz Hannah Arendt (1998). Fazemos história e temos história, ligamos o passado e o futuro, reescrevendo-os nesse indistinto espaço que é o presente, recriando o que havia sido abafado ou reprimido, a experiência dos vencidos e dominados.

Em parte, essa é também obra da família. Do nada original ela vai se tornando o todo que nos contém para o bem ou para o mal, as lentilhas e as aftas, o apoio e o afeto. Quando Kafka reitera à sua irmã a necessidade de não deixar o filho crescer no âmbito da família, ele sabia do que estava falando: do "ar denso, envenenado e destruidor de crianças" das casas burguesas. Sua voz nos fala do início do século passado, mas quem ousaria dizer que hoje esse ar é menos perigoso? Kafka salva as famílias proletárias desse perigo, mas quem sabe quais são os perigos que as rondam hoje? Esse organismo-família não muda de um século para outro, nem dispõe de muitos mecanismos que possam favorecer transformações em seu interior. E não estamos falando de ajustes sociais em sua estrutura, que são comuns e necessários, porque as demandas das transformações pelas quais a sociedade passou exigem certa habilidade dos homens e mulheres cujas vidas decorrem, afinal, neste começo de século. Na verdade, somos todos obrigados a conviver com as transformações, que são profundas e violentas, e às vezes gostaríamos de saltar para fora do embate do tempo e apenas observá-lo.

Há uma indagação sobre a alteridade, sobre o outro e a discussão sobre as magníficas considerações de Lévinas: a materialização do outro no Rosto, a superfície mais manifesta dos seres humanos. O belo capítulo "Entre o outro e o mesmo: sobre ética e violência nas relações" deste livro, sobre essa estranheza original, termina com a constatação de Lévinas sobre a dificuldade de andarmos com os outros. E Belinda completa: "Difícil não é dizer sobre o outro, difícil é andar com o outro".

Quando ela apresenta seu estudo sobre as famílias de desempregados, o que procura desvendar é a afinidade do sofrimento psíquico com as condições materiais da vida, ameaçada pelo desemprego. Belinda mostra-se sensível aos problemas identitários dos homens ou mulheres que veem, sem saber muito bem por quê, faltar-lhes o salário que representava o sustento de todos, mas, além disso, faltar-lhes a face com que se apresentavam à sociedade e diante de filhos e cônjuges.

A família, de certo modo, pode conter essa violência exterior que se perpetra contra seus membros, mas também pode reproduzi-la, deixá-la instalar-se em seu interior como uma ferida. Belinda diz:

> *Pude observar que o desemprego significa, para cada uma das famílias com que tive contato, a explicitação de uma ferida real. Numa realidade tão carente, cheia de fraturas na vida cultural, na biografia pessoal e na sociabilidade com o entorno – mesmo quando em atividade de trabalho –, a interrupção do precário salário mensal resulta numa urgência de fazer frente à situação que acaba por capturar a vida de cada um dos implicados por inteiro. . . . Encerrados em si próprios e no território familiar, o trabalho psíquico parece restringir-se a uma certa adaptação para ocupar uma vida violentamente contraída.*

É o nosso mundo, e são as nossas famílias. Belinda não deixa escapar essa concretude. Ela incomoda porque nos remete à materialidade de nossas necessidades de abrigo, de alimento. E não busca tornar mínimo o espaço que o corpo ocupa,

> *porque, afinal de contas, nossa psique é corpo, tanto quanto nosso corpo é psique. Digerimos com nossa mente da mesma forma como pensamos com o coração, tal como a linguagem, que é ferramenta central com que nos construímos e construímos o mundo, nos mostra, entrelaçando em metáforas corpo e mente.*

É a partir dessa compreensão que ela nos conduz a considerar a Psicanálise e, aprofundando sua reflexão, dá corpo e espírito aos problemas da Psicologia Social. O que há de essencialmente material se metamorfoseia numa narrativa cujo valor central é outro: quais são as cicatrizes que nos marcam e como, apesar delas, encontramos um lugar no mundo? Como dar lugar à experiência, como tirar dela o sumo que foi nutrindo o interesse pela família, transformando o vivido em reflexão, esta em escrita e ambos em ação/intervenção?

Penso que esse é um dos segredos que saltam do livro de Belinda: quando a compreensão dos fenômenos psíquicos se espraia para a percepção de seu envoltório social, não se pode permitir que ela permaneça no simples entendimento das circunstâncias. É parte da tarefa do psicólogo procurar nessas circunstâncias apoios possíveis para minorar o sofrimento, o qual é tão pessoal quanto coletivo; as cicatrizes da pobreza e da violência, reveladas pelo desemprego, vêm marcando a história dos povos tanto quanto as histórias pessoais, a esfera pública e a esfera da intimidade.

Ao perceber a grande dificuldade contida na representação desse modo de pensar a teoria, e para levar adiante sua intuição, Belinda deu vida à procura de uma desejada intervenção, ao Laboratório de Estudos da Família no âmbito da Psicologia Social. Nascem nele intercâmbios com gentes e instituições, despertando nessa área novos interesses e novas vocações. Se este livro é uma viagem pelas vias do conhecimento, não deixa de ser, ao mesmo tempo, uma viagem que não se perde no caminho da experiência, mas que atualiza o significado de viver em família.

O que é, afinal, a família, esse elusivo objeto de estudo? Traçando seus contornos, insistindo no mapa da viagem, Belinda vai nos conduzindo por mares já navegados, mas com a grande originalidade que advém de seu longo trabalho com essa pergunta.

Vale a pena dedicarmos tanto empenho ao conhecimento da família? A leitura deste livro nos diz que sim, mas, sobretudo, ao conhecimento da família enquanto fenômeno que aí está para regular as relações das pessoas no âmbito da intimidade e da proximidade sem deixar de ser, ao mesmo tempo, compreendida como parte do monumental sistema de repressão e contenção que a sociedade impõe, assim como impõe as opressivas relações de trabalho no sistema de classes, a organização econômica e tantos outros regimes de dominação.

Temos assistido com profunda repugnância o tratamento dispensado às mulheres em alguns países e grupos político-religiosos como o Talebã. Como podemos compreender a família nessas condições? Será possível, noutra forma de organização econômica e social – no socialismo, por exemplo –, uma regulação diferente das relações de proximidade? Sabemos bem que o capitalismo invade e controla essas relações, reifica laços afetivos e consanguíneos, mistifica o que se passa entre os seres humanos, mesmo no interior do mais puro afeto familiar. Mas, lembrando Agnes Heller (1989), até mesmo no melhor dos sistemas políticos que se possa imaginar, quando a exploração, a alienação e a reificação são fantasmas do passado, é impossível regular ou legislar sobre o amor. No entanto, como a experiência soviética mostrou, não se trata apenas de estabelecer, como lei, que as relações amorosas devem ser livres e que homens e mulheres são portadores de direitos iguais. Se os adultos envolvidos nessas relações estariam aptos à autorregulação afetiva sem se destruir, existem outros – os mais frágeis – que necessitam de proteção, os quais precisamos acolher e trazer para a sociedade do melhor modo possível, de forma que também esta seja protegida e possa se recriar sem se reproduzir.

Há uma responsabilidade social implícita na paternidade e na maternidade. Quando a Psicanálise é pensada nessa chave, abrem-se para a Psicologia Social inúmeras vertentes de pesquisa e de intervenção. Considerando o sistema repressivo que a família nuclear representa, com as ferramentas que a Psicanálise e a Psicologia colocam à disposição dos pesquisadores e, mais ainda, reconhecendo a urgência que o tempo acelerado da sociedade contemporânea impõe às pessoas e a seus dilemas, é necessário agir, pesquisar, escrever, inventar, introduzindo ao menos essa preocupação na formação dos alunos, sensibilizando-os para a complexidade das interações que se dão no âmbito da família, solicitando sua compreensão e, às vezes, sua compaixão. Diminuir o sofrimento é também uma urgente tarefa política.

Não viemos do vazio e não caminhamos no vazio. "Difícil é andar com o outro", diz Belinda, e o nosso outro mais imediato é a família. Certamente, porém, a pluralidade é o nosso destino, sem ela não seríamos plenamente humanos.

Novembro de 2012

Referências

Arendt, H. (1998). *A condição humana.* Companhia das Letras.

Heller, A. (1989). *Cotidiano e história.* Paz e Terra.

Apresentação

Procurei reunir aqui alguns dos trabalhos mais significativos que realizei como professora e pesquisadora no Laboratório de Estudos da Família, Relações de Gênero e Sexualidade do Departamento de Psicologia Social e do Trabalho do Instituto de Psicologia da Universidade de São Paulo. A reunião desses trabalhos, a reflexão sobre eles e sobre a minha prática como professora, bem como a experiência do trato com os alunos e colegas professores, levou-me a refletir sobre o hífen que constitui o psico-social[1] – um hífen que integra e define o psicológico e o social, tal como procuro explicitar nos diversos capítulos que integram este livro. É a partir do interior desse hífen que penso as contribuições que a Psicanálise

1 O hífen do psico-social não está mais presente no português atual, em que prevaleceu a grafia psicossocial. Mas, ainda como elemento gráfico, ele permanece importante para a compreensão do campo de estudos, pesquisas e intervenções constituído por todos os elementos relacionais que integram e definem o psíquico e o social. Daí a sua importância central como concepção do psicossocial, ainda que tenha desaparecido do ponto de vista ortográfico. Por isso, utilizaremos daqui em diante a grafia atualizada, mas sem perder de vista o significado relacional do hífen.

traz para esse campo, como método de conhecimento e ação transformadora.

Essas reflexões se desdobram nos capítulos que se seguem e que apresentam contribuições para os estudos de famílias dentro do campo da Psicologia Social, numa abordagem psicanalítica. Cada um deles compõe uma narrativa singular, e penso que ainda é cedo para tecer uma conclusão geral. Os trabalhos e suas narrativas são antes fios que lanço para que outros – e eu também – continuemos essa tessitura.

É uma pena que aspectos mais fugidios de minha experiência como professora e pesquisadora não possam ser facilmente recolhidos e apresentados aqui. Estou me referindo aos contatos diários, aos gestos que trocamos, aos relacionamentos que se estabelecem na sala de aula e nas reuniões de orientação enquanto trabalhamos um tema – enfim, a todo esse pano de fundo que, em muitas situações, assume uma importância formadora maior do que o exercício objetivo que está sendo realizado. É que é também através desses gestos, dessas conversas e dos relacionamentos, tanto com professores quanto com alunos e funcionários, que minha maturidade intelectual se realiza. Agradeço aqui a todos aqueles e aquelas com quem tenho trabalhado em minhas atividades de ensino, assistência e pesquisa. Eles me estimulam a aprender, pensar, desenredar e tecer os fios que unem razão e imaginação em meus trabalhos em Psicologia Social.

Agradeço também à minha família – ao Enrique e aos nossos filhos Liora, Daniel e Naomi, ao Ariel e aos nossos netos David e Sarah, e à minha irmã Esther, que dão mais alegria ao meu fazer.

1. Sobre o campo da Psicologia Social[1]

Na atualidade, o campo da Psicologia Social constitui-se num instigante território problematizador dos modelos e métodos das ciências humanas. Não proponho que um ou outro método, um ou outro modelo se mostre, a partir dessa problematização, mais eficaz na configuração desse campo, nem se trata de ir em direção a um modelo ou método mais privilegiado. O que quero salientar é que, na contemporaneidade, o encontro do psicológico e do social é um território fértil que se constitui em algo como um laboratório para a produção em ciências humanas. Talvez eu não peque por exagero se disser que, nos séculos XX e XXI, o social foi seguindo cada vez mais rumo ao psicológico.

Benjamin (1940/1971), em suas *Teses de Filosofia da História*, abre esse poderoso texto construindo uma enigmática imagem a respeito de uma imbatível máquina para ganhar no jogo de xadrez:

---

1 Este texto foi escrito como introdução à minha tese de livre-docência em Psicologia Social, defendida no Instituto de Psicologia da Universidade de São Paulo em dezembro de 2010. Originalmente publicado na revista *Psicologia USP*, *23*(1), 2012.

> *Como é sabido, diz-se que existia um autômato construído de tal forma que era capaz de responder a cada movimento de um jogador de xadrez com outro movimento que lhe assegurava o trunfo na partida. Um boneco vestido de turco, com a piteira de narguilé na boca, estava sentado diante do tabuleiro pousado sobre uma ampla mesa. Um sistema de espelhos produzia a ilusão de que essa mesa era, em todos os sentidos, transparente. Na realidade, encontrava-se lá dentro um anão corcunda, que era mestre no xadrez e mexia a mão do boneco mediante o uso de fios. Pode imaginar-se um equivalente de tal mecanismo na Filosofia. Deve vencer sempre o boneco chamado "Materialismo Histórico". Pode competir sem mais com qualquer um, quando coloca a seu serviço a Teologia, que hoje, como é notório, é pequena e desagradável e não deve deixar-se ver por ninguém. (p. 77, tradução da autora)*

A estranha imagem construída por Benjamin no início dos anos 1940 parece servir para mapear o estado de coisas no embate teórico-filosófico no campo da Filosofia da História, nessa época. Nessa imagem, o Materialismo Histórico é capaz de ganhar os torneios teóricos graças tanto à intervenção de um complexo mecanismo especular – produtor de uma ilusão – quanto ao auxílio de um habilidoso e atípico parceiro de jogo. Através da máquina especular, o que o boneco vestido à turca aspira pela piteira de narguilé são as velhas especulações teológicas potencializando o impacto de suas manobras para vencer o jogo. A potência do Materialismo Histórico no torneio intelectual lhe seria emprestada pela Teologia, ainda que, na inquietante imagem mostrada por Benjamin, o Materialismo seja o condutor das jogadas.

Talvez o que Benjamin não tenha levado em consideração é que esse anão corcunda pode ser bem mais astucioso, maquinando não apenas a jogada do parceiro materialista histórico, mas também – quem sabe? – a de seu eventual adversário. Essa tese parece legítima no contexto em que Benjamin escreveu seu texto, porque o adversário, na época, era o Nacional-Socialismo alemão. E, talvez, o sucesso deste como fenômeno de massas também tenha advindo de alguns movimentos ilusórios deslocados desde o campo teológico, ou seja, a mesma máquina e o mesmo anão corcunda – a Teologia – que ampliam a potência do jogador materialista histórico teriam ampliado a potência do adversário, que, no caso, ganhou a partida e, naquele momento, transformou a História no desastre nazista.

Mas não é propriamente esse o assunto que me fez trazer à cena a imagem com que Benjamin abre suas *Teses de Filosofia da História* e que, por si só, constitui-se numa tese. A asserção de Benjamin implica uma estranha composição de modelos na qual o Materialismo Histórico pode servir de "boneco", por assim dizer, da ventríloqua Teologia, isto é, da concepção em princípio mais antagônica a si próprio. E é bom lembrar que essa imagem não é construída por qualquer pensador, mas por um polêmico do idealismo irracional da Filosofia e também dos aspectos reducionistas e mecanicistas do Materialismo Histórico. Mas é que Benjamin, como bem mostra nessas teses, pensa sempre na História quando pensa os modelos teóricos. E, tal como ele desenvolve nas teses que se seguem a esta, as ruínas do passado – das quais fazem parte todas as concepções já elaboradas sobre o ser humano – nunca silenciam propriamente, podendo vir a ressurgir em voz transfigurada, como a Teologia através do Materialismo Histórico, em que as expectativas revolucionárias deste são alimentadas pela velha potência histórica das expectativas redentoras da Teologia. Talvez o elemento central da imagem criada por Benjamin não seja nem o boneco vestido à turca, nem o anão corcunda, mas o sistema de espelhos produtor da ilusão de uma mesa "em todos os sentidos transparente", que vincula tempos do pensamento distanciados entre si.

No campo da Psicologia Social, o embate dá-se essencialmente no modo como se entende o hífen pressuposto na integração entre o psicológico e o social, ao qual esse campo de estudos parece sempre fazer referência. É a natureza desse hífen que parece estar constantemente no horizonte dos estudos da Psicologia Social. Costuma-se alocar esse hífen numa linha horizontal virtual que separa o indivíduo do coletivo e, em ressonância ideacional, o psicológico do social. Assim, o psicológico estaria em ressonância com o individual, o social em ressonância com o coletivo, e o hífen entre ambos. Claro que já se aprendeu que o indivíduo é uma construção do coletivo e que, portanto, o psicológico é um produto do social. Mas aprendeu-se também que o indivíduo anseia pelo coletivo, o valoriza e se apega a ele com a mesma intensidade, tendo como base a mesma raiz a partir da qual se desdobra em sujeito. Nesse sentido, o social seria um desdobramento da demanda psicológica humana. Ou seja, aprendeu-se que, entre o psicológico e o social, o hífen domina. Um produz o outro, assim como na fita de Moebius verso e reverso realizam-se transitoriamente, num contínuo infinito.

O hífen serve não apenas para indicar a existência de um conectivo entre o elemento psicológico e o elemento social, mas também para deixar surgir a própria essência relacional que é inerente a cada um dos elementos, para que estes possam existir como tais. O hífen é a natureza do psicológico e do social. Foi a história das realizações no campo das ciências humanas – e até das ciências em geral – que levou a esse estado de coisas, no qual o hífen se instaura para juntar campos aparentemente separados – o psicológico e o social. Não é o caso, agora, de mostrar como os principais modelos de compreensão do ser humano e suas produções operaram no intuito de sinalizar o fortalecimento da essência relacional que define o psicológico e o social, mas, sem dúvida, é preciso pôr em destaque as contribuições de Freud. Isso porque, embora suas construções teóricas não tenham salientado a importância do hífen (ainda que não possamos esquecer a célebre frase com que, em 1921, ele abre *Psicologia de grupo e a análise do ego*: "Não há Psicologia que não seja Psicologia Social") (Freud, 1920-1921/1976, p. 91), sem dúvida seu modelo mais geral de entendimento do humano teve enorme impacto sobre toda a produção de conhecimento nos séculos XX e XXI, às vezes de forma invisível, como o anão na partida de xadrez descrita por Benjamin.

Ao criar e mobilizar o que se pode denominar de *metáfora psicanalítica*, isto é, o modo extremamente poderoso e singular de estudar e, ao mesmo tempo, dinamizar os fenômenos psicológicos, Freud soube suscitar uma abordagem que, por suas implicações na história das ciências humanas, a torna, a meu ver, uma legítima representante a ser entendida, no campo da Psicologia Social, em analogia ao anão corcunda da Teologia na imagem de Benjamin. Pode ser que a Psicanálise mobilize os fios para os lances do jogo no interior desse campo. É claro que a Psicanálise não é sucedânea da Teologia, se bem que, por sua potência articuladora, resquícios poderosos da Teologia também possam ser atualizados nesse discurso. Mas o que desejo salientar é a ação da linguagem psicanalítica no interior do campo da Psicologia Social.

Freud soube dar ao psicológico um estatuto completamente original, permitindo a nomeação de relações e encadeamentos que ampliam nossa compreensão do modo como os seres humanos se constroem. Um exemplo que pode servir para ilustrar o que estou sugerindo a respeito do profundo impacto causado por Freud pode ser extraído de seu ensaio *O mal-estar na civilização*, de 1930. Embora as ideias centrais elaboradas por ele nesse texto possam parecer esboços teóricos não muito bem-sucedidos, se levarmos em consideração os desenvolvimentos na Antropologia, na Etnografia, na História, na Psicologia e até na própria Psicanálise, sua abordagem mais geral e o modelo a partir do qual ele concebe o ser humano e seu entorno ganham uma legitimidade poderosa ao imbricar de forma indissociável o psicológico e o social, o indivíduo e o coletivo, chegando à imbricação da filogênese e da ontogênese.

Assim, em sua investigação sobre as razões pelas quais "é tão difícil, para o homem, ser feliz" (1930/1976, p. 105), Freud indica três fontes "de que nosso sofrimento provém: o poder superior da natureza, a fragilidade de nossos próprios corpos e a inadequação das regras que procuram ajustar os relacionamentos mútuos dos seres humanos na família, no Estado e na sociedade" (1930/1976, p. 105). Pode-se nem levar em consideração toda a argumentação que Freud desenvolve a seguir. O importante é que ele entrelaça natureza, sujeito e cultura de forma indissociável para compreender um estado de coisas. E, do modo como a opera, a velha distinção entre sujeito e objeto nos modelos causais ganha, através de sua compreensão, uma superação significativa, pois o que seria do campo da cultura e do social – os relacionamentos dos seres humanos na família, no Estado e na sociedade – são, de algum modo, configurações resultantes também da ação da natureza no corpo, uma vez que as produções sociopolítico-culturais também têm uma raiz funda, através da qual flui uma vitalidade pulsional, uma das forças responsáveis pela conflituosa dinâmica inerente à produção da história econômica, política, social e cultural. E isso sem mitigar propriamente a autonomia do campo social, que, através do processo histórico que suscita, demanda no corpo a mesma imperiosidade, isto é, estabelece os mesmos limites e possibilidades determinantes para seu existir, atuando sobre ele com a mesma imperiosidade da natureza, a ponto de talvez ser possível nomear o cultural como uma segunda natureza do corpo, isto é, do ser humano. A imperiosidade que o social suscita tem a mesma coloração de urgência que a fome.[2] E o corpo não é apenas um objeto dessas duas forças imperiosas – natureza e cultura –, mas um agente determinante entre a natureza e a civilização, porque cabe ao ser humano, para se tornar sujeito, apropriar-se, mesmo em seus estreitos limites, da condição de ser responsável diante da natureza e do social e, portanto, o principal agente de sua realização histórica.

A potência com que Freud soube integrar o psicológico e o social teve impacto sobre todo o campo das ciências humanas, contribuindo para tornar a Psicologia Social, ao meu ver, algo semelhante a um campo gravitacional para o qual aquelas foram atraídas. Benjamin supõe um jogo de xadrez no campo da Filosofia da História, e devemos ter em mente que não se trata apenas de um embate de ideias: como bom marxista, ele sabe que é um embate no campo da vida dos seres humanos e de seus destinos, implicando, para além do cultural, o político, o econômico e o social – isto é, implicando o poder. Talvez seja o mesmo embate que se trava hoje. Mas, ao meu ver, há um novo anão corcunda atuando nos destinos desses lances: o da Psicologia. Não só a máquina que Benjamin monta no campo das ideias funciona em ressonância com a máquina especular que Freud (1900/1976) concebeu na construção de seu modelo de aparelho psíquico, no célebre capítulo VII da *Interpretação dos sonhos*,[3] como haveria também, na dinâmica pró-

---

2 Vale aqui lembrar as reflexões de Marcuse (1964/1979) sobre a potência que a cultura tem para a criação de necessidades, a ponto de ele indagar-se, referindo-se especificamente à sociedade industrial de meados do século XX, se haveria ainda alguma necessidade humana genuína, que não fosse construída pela cultura.

3 Lembremos que Freud utilizou um modelo óptico, isto é, um modelo especular para descrever sua concepção sobre o funcionamento do aparelho psíquico, levando em consideração seus achados sobre a produção onírica. Esse modelo devia dar conta de seus quatro achados essenciais em relação aos sonhos: 1) o sonho é um ato psíquico importante e completo; 2) o que o mobiliza é sempre

pria do campo das ideias, algo assim como um inconsciente, de onde velhos segmentos ideacionais atuariam no desdobramento das concepções atuais, numa complexa luta interna em que o novo é sempre uma reorganização das demandas de todas as aspirações humanas construídas ao longo da História.

Ao instalar sua máquina especular, que opera em analogia com o modelo psíquico de Freud da primeira tópica, no campo das ideias, podemos dizer que, num certo sentido, Benjamin psicologiza a história do espírito, ao permitir entender o campo da história intelectual em analogia ao campo do desenvolvimento psíquico, isto é, tanto lá quanto aqui a razão sofre de transtornos. Também no campo da razão o irracional pode irromper, como Adorno bem salienta em seus trabalhos. Esse modo de entender as produções sociais e a própria ideologia já é resultado da força do hífen psicossocial no pensamento contemporâneo. Toda a Escola de Frankfurt trabalhou assim.

Claro que não se trata de reduzir toda a complexidade do campo da Psicologia Social a uma concepção psicanalítica. A aplicação da Psicanálise enquanto um agregado de teorias construídas ao longo da história dessa disciplina sobre determinado contexto a ser estudado reduz em muito o alcance do que ela teria a oferecer ao estudo do fenômeno. Com isso, quero dizer que a aplicação da Psicanálise como um conjunto teórico preestabelecido sobre qualquer campo de investigações é um exercício limitado e em nada próximo do exercício psicanalítico propriamente dito. Não se trata, portanto, de aplicar uma teoria psicanalítica no interior do

---

a realização de um desejo; 3) a forma como se apresenta torna impossível reconhecer esse desejo, dada a deformação promovida pela ação de uma censura psíquica; e 4) além da ação da censura, colabora para a formação do sonho a condensação e a representação através de imagens e, por vezes, também o cuidado de que o sonho apresente um aspecto racional e inteligente.

campo da Psicologia Social. Para o modelo e o método psicanalítico serem mais eficazes, a Psicanálise deve se desvestir de sua teoria a ponto de silenciá-la, porque só no silêncio dela o fenômeno apreendido da Psicologia Social vai surgir com sua especificidade. E é própria da Psicanálise essa espécie de flexibilidade singular de poder ser, ao mesmo tempo, plena e transparente para a apreensão dos fenômenos estudados. O próprio da construção de conhecimentos nesse campo é a constituição de um processo de observação e intervenção cujos desdobramentos são seriamente levados em consideração através de uma reflexão intensa a respeito desses fenômenos, num diálogo com o conjunto de teorias que sustenta e referencia a intervenção psicanalítica, mas outorga ao fenômeno observado o lugar privilegiado, nunca podendo este ser deslocado ou eclipsado por qualquer concepção teórica tomada *a priori*.

As teorias costumam ser muito ruidosas. Uma Psicanálise mal aplicada também. Ao meu ver, essa propriedade da Psicanálise, tal como apresentada aqui – vendo-se impossibilitada de agir com toda a sua potencialidade se reduzida a uma série de construtos teóricos a serem aplicados sobre um fenômeno –, é a mais rica contribuição que esse campo de investigações tem a oferecer para a criação de conhecimentos na universidade. Isso porque a Psicanálise, assim compreendida, demanda uma intervenção no real, uma prática obrigatória que possibilite uma estruturação do campo de investigação não dada *a priori*, suficientemente capaz de deixar emergir o conhecimento psicanalítico.

As teorias, quando aplicadas no campo da Psicologia Social, costumam traduzir-se em ideologias com muita facilidade e operar sobre o fenômeno no sentido de instrumentalizá-lo, seja através de sua definição, seja por meio de uma ação prática. Se Benjamin estiver certo, isto é, se no embate visível existir uma enorme sobredeterminação de aspectos do invisível que operam de maneira irracional, com a capacidade de produzir fenômenos tão perturbadores quanto os violentos totalitarismos que assolaram o século XX, a Psicanálise enquanto modelo e método pode ajudar a indicar a presença desse invisível nos fenômenos sociais estudados, ampliando o conhecimento sobre eles. Obviamente, a produção humana ainda é essencialmente histórica, e compreender o modo como se entende a História é fundamental. Por isso, os lances mais imperiosos nas ciências humanas ainda se dão na Filosofia da História, por ser o campo no qual se significa a História.

Entretanto, o modo como têm se dado o conflito e a produção ideológica nos dias de hoje pauta-se pela utilização e pela tentativa de impactar prioritariamente muito mais os aspectos psicológicos do que propriamente despertar e mobilizar as consciências históricas dos sujeitos envolvidos. A própria fragilidade da política compreendida como jogo ideológico pelo poder, ou seja, a despolitização da política, empurrou o embate do poder para o campo da Psicologia Social. Basta, como exemplo para o que estou querendo ressaltar, o modo como se dão as campanhas eleitorais. Não é o discurso político que as rege, que sequer as organiza, mas o aprimoramento de um discurso e de uma imagem que pretendem implicar cada eleitor, levando em consideração sua psicologia, para falar em termos mais gerais e sinalizar o que estou querendo dizer.

Se privilegio a Psicanálise como modelo e método, não o faço com o intuito de incrementar a psicologização do social. Ao contrário: se é certo que a Psicologia adentrou profundamente a Filosofia da História contemporânea, ou seja, os modos de se conceber a História, minha proposta é utilizar o modelo e o método psicanalítico para ajudar a localizar os fenômenos sociais estudados no interior da História, e não em determinado marco psicológico, uma vez que é exclusivamente a consciência histórica que permite a plena elucidação do fenômeno social. E, no que se trata de sujeitos, também neles a Psicologia Social adequada é aquela que os ajuda a se saber parte da História e tomar para si a possibilidade de atuar nela. Por isso, a Psicanálise não é um fim, mas um instrumento hermenêutico que colabora para a elucidação dos diversos fenômenos abordados.

Se tudo o que vem sendo discorrido sobre a condição do hífen nos dias de hoje, isto é, seu entendimento e o modo como ele é operacionalizado,[4] estiver correto, isso leva à conclusão de que a História envolve uma psicologia, que é também uma realização psicológica, assim como o corpo é uma realização histórica, sem nunca deixar de ser também uma realização da natureza. Nessa área, sempre se deve trabalhar de forma a garantir a multidimensionalidade do fenômeno.

Quando Freud localiza o hífen no natural, no corpo e no histórico, e os entrelaça de modo a familiarizá-los indissociavelmente, suscitando entre eles relações intercambiáveis dos lugares de cada um desses campos em relação aos outros, dependendo do

---

4 No momento histórico em que vivemos, o estudo que reconhece na técnica seu atributo identificatório mais perfeito é, antes de mais nada, aplicabilidade, isto é, o desenvolvimento de dispositivos e equipamentos para o aperfeiçoamento do social. Em princípio, na nossa realidade, claro que nada temos a opor a esse entendimento. E a Psicologia Social, sem dúvida, é uma poderosa ferramenta teórico-técnica para aprimorar a formação de profissionais que vão se envolver nos serviços sociais e nas políticas públicas. Mas, justamente por isso, o estudo pode correr o risco de reduzir-se a um elemento ideologicamente manipulável, e penso que a missão da universidade, nos dias que correm, seja dupla: de um lado, reconhecer sua raiz pública e trabalhar para o aperfeiçoamento da esfera pública; de outro, lutar pela autonomia necessária para o estudo crítico, isto é, para garantir uma produção capaz de fazer a crítica de toda e qualquer ideologia, o que nos dias de hoje quer dizer também de toda e qualquer política pública. Esse segundo aspecto também vai em direção ao aperfeiçoamento do público, pois a garantia do estudo crítico é parte da luta por um ser humano que não seja reduzido à mera inserção em determinada ideologia, tão própria dos fenômenos totalitários que assolaram tão violentamente o século XX e que hoje podem ganhar uma versão talvez aparentemente mais civilizada, mas não por isso menos violenta.

fenômeno que se estuda – porque é próprio do método e do modelo psicanalítico não estabelecer uma hierarquia fixa e rígida entre os campos da natureza, do corpo e da história para o entendimento dos fenômenos humanos –, isso nunca é feito reduzindo um ao outro ou todos a um campo exclusivo, do contrário não seriam natureza, corpo e história.

Freud nunca é unidimensional. Seu próprio modelo do aparelho psíquico, que é também o modelo psicanalítico, foi montado por ele justamente para dar conta da multiplicidade de determinações existentes na produção humana. Se o fenômeno do sonho é o modelo para a produção do aparelho psíquico, então, justamente por isso, esse modelo deve dar conta da sobredeterminação na produção do sonho, a partir de instâncias diferentes e que nunca se reduzem umas às outras, mas que trabalham no interior de uma mecânica de íntimo entrelaçamento – e não apenas isso. O modelo freudiano também deve dar conta da multidiversidade com que os fenômenos humanos se materializam na realidade. Deve garantir a especificidade do sonhar em relação ao pensar. Tudo isso levou Freud a propor um modelo em que, como ele diz nas *Conferências introdutórias sobre Psicanálise* (1916-1917/1976), "fomos obrigados a ampliar o conceito de 'psíquico' e reconhecer como 'psíquico' algo que não é consciente" (p. 376). Isso quer dizer que o psíquico é sobredeterminado também a partir de um "para além" da consciência. E, assim como o sonho, todos os fenômenos humanos são sobredeterminados a partir de uma multiplicidade dimensional, porque o inconsciente não é exclusivamente intrapsíquico, mas talvez a manifestação, de forma bruta, de todo o fazer humano ao longo da História. Freud (1930/1976) elevou ao estatuto de lei uma hipótese estranha e surpreendente, mas de profundo significado para o que estou querendo dizer: o que se viveu nunca desaparece; o esquecimento nunca significa a completa eliminação do traço mnêmico.

> *Desde que superamos o erro de supor que o esquecimento com que nos achamos familiarizados significava a destruição do resíduo mnêmico – isto é, a sua aniquilação –, ficamos inclinados a assumir o ponto de vista oposto, ou seja, o de que, na vida mental, nada do que uma vez se formou pode perecer – o de que tudo é, de alguma maneira, preservado e que, em circunstâncias apropriadas (quando, por exemplo, a regressão volta suficientemente atrás), pode ser trazido de novo à luz. (p. 87)*

O inconsciente é o lugar da memória, e é o próprio Freud (1930/1976) quem, para ilustrar esse fenômeno da conservação em ação no âmbito psíquico, o aproxima de uma compreensão fantástica de uma Roma aqui apresentada literalmente na condição de uma cidade eterna.

> *Permitam-nos agora, num voo de imaginação, supor que Roma não é uma habitação humana, mas uma entidade psíquica, com um passado semelhantemente longo e abundante – isto é, uma entidade onde nada do que outrora surgiu desapareceu e onde todas as fases anteriores de desenvolvimento continuam a existir, paralelamente à última. Isso significaria que, em Roma, os palácios dos césares e as* Septizonium *de Sétimo Severo ainda se estariam erguendo em sua antiga altura sobre o Palatino e que o Castelo de Santo Ângelo ainda apresentaria em suas ameias as belas estátuas que o adornavam até a época do cerco pelos godos, e assim por diante. Mais do que isso: no lugar ocupado pelo Palazzo Caffarelli, mais uma vez se ergueria – sem que o Palazzo tivesse de ser removido – o Templo de Júpiter*

> *Capitolino, não apenas em sua última forma, como os romanos do Império o viam, mas também na primitiva, quando apresentava formas etruscas e era ornamentado por antefixas de terracota. (p. 88)*

Os etruscos constituem-se num aglomerado de povos que se instalaram na Península Itálica há mais de 3 mil anos. A cidade eterna que Freud supõe condensa toda a história humana numa imagem arquitetônica em que nada é ruína, no sentido de perder sua vitalidade sígnica. Tudo o que foi ainda está vivo e demanda na cidade eterna construída por Freud. A cidade eterna é o hífen, a origem das variadas manifestações humanas em todos os campos de seu fazer. E, por isso, todas as realizações humanas, o desenvolvimento de cada um e uma – o que também é realização humana –, a produção científica, a técnica, as ciências humanas, a literatura, a poesia e as demais artes são elaborações sobredeterminadas dessa gigantesca e condensada memória viva, que em seu pulsar constitui a própria História, terreno no qual se enraízam todas as construções humanas. E, se digo que se enraízam, é num sentido de mão dupla: toda construção é mais uma implantação, é mais uma edificação na cidade eterna. E, de outro lado, toda edificação é uma construção erguida a partir dos elementos e da vitalidade colocada à disposição pelo estado de coisas na cidade eterna. O novo não supera o velho. Entre o velho e o novo, a dinâmica é mais de estrutura. A História não é diacrônica.

Benjamin (1940/1971), nas suas *Teses de Filosofia da História*, também construiu uma imagem que, de algum modo, me permite aprofundar minha compreensão da História, trabalhando em ressonância com a imagem da cidade eterna montada por Freud. Diz assim a sua tese de número IX:

Minha asa está pronta para o voo,
Voo voluntariamente para trás,
Porque se eu me detivesse algum tempo para viver,
Teria pouca ventura.

Gershom Scholem, Saudações de Angelus

Existe um quadro de Klee que se intitula Angelus Novus. *Vê-se nele um anjo, ao que parece, no momento de distanciar-se de algo sobre o qual fixa o seu olhar. Tem os olhos arregalados, a boca aberta e as asas estendidas. O anjo da História deve ter esse aspecto. Seu rosto está voltado para o passado. Naquilo que para nós se mostra como uma sucessão de acontecimentos, ele vê uma catástrofe única, que acumula sem cessar ruína sobre ruína, a depositar-se sob os seus pés. O anjo gostaria de deter-se, despertar os mortos e recompor o despedaçado. Mas uma tormenta desce do Paraíso e provoca um redemoinho em suas asas, e é tão forte que o anjo não pode firmá-las. Essa tempestade o arrasta irresistivelmente para o futuro, ao qual dá as costas, enquanto o acúmulo de ruínas sobe diante dele, em direção ao céu. Tal tempestade é o que chamamos progresso. (p. 82, tradução da autora)*[5]

5 Na apresentação do livro *Pensamento cruel – humanidades e ciências humanas: há lugar para a Psicologia?*, Maria Helena S. Patto e João A. Frayze-Pereira (2007), seus organizadores, também trabalharam com essa imagem para pensar a prática da Psicologia. E eles agregam à imagem erguida por Benjamin mais uma obra de Klee, *O saltimbanco*, para salientar o difícil equilíbrio da prática do psicólogo em sua ação crítica a fim de possibilitar uma leitura transformadora.

Em Benjamin, resgato a dimensão dinâmica e processual que é inerente à História, o dinamismo que é inerente ao hífen que me interessa. A História aqui não é propriamente a cidade eterna, mas o que é possível apreender no aqui-e-agora, na ininterrupta tormenta do progresso que, desde o Paraíso, sopra rumo ao futuro. Freud constrói sua cidade eterna preservando-a do fluir da História. A cidade eterna é uma espécie de palimpsesto em que todas as múltiplas camadas podem estar à disposição, manifestamente. Benjamin introduz o elemento dinâmico e, então, a imagem da ruína deve ser novamente levada em consideração – tudo o que em Freud é edificação, em Benjamin, que tem o olhar fixo no Paraíso, isto é, no território das expectativas de aperfeiçoamento e até de redenção do ser humano e dos fenômenos humanos, é visto como ruína, a demandar reparação. Cada construção, cada morto, demanda. A cidade eterna transforma-se no terreno não apenas de uma memória viva, mas de uma demanda intensa feita ao anjo da História, que a tempestade do progresso arrasta. A demanda é tão intensa que o anjo gostaria de se deter e, levando seriamente em consideração essa demanda de mortos e ruínas, edificar uma reparação. Mas a tempestade não dá tempo. E tudo o que o anjo pode construir em seu ato reparatório é, talvez, um fragmento mal acabado que, imediatamente a seguir, dada a força da tormenta – que nada mais é do que o suceder do tempo –, transforma-se em nova ruína depositada sob seus pés, isto é, numa nova demanda a juntar-se ao grito desesperado das ruínas. E seria esse grito desesperado a realização da História.

As imagens construídas por Freud e Benjamin, ao meu ver, podem complementar-se e, nessa realização, fortalecer nosso entendimento do hífen, tanto em sua ação multidimensional quanto em sua organização, pois do hífen emergem todas as produções humanas e, por sua vez, todas as produções humanas ressignificam e reorganizam o hífen. Existe um termo em alemão que talvez seja o que mais se aproxime para dar conta da operação no interior do hífen entre o psíquico e o social: trata-se da palavra *Weltanschauung*, que pode ser traduzida como "visão de homem/visão de mundo"[6] e que, como um conceito englobante, deve apontar, ao mesmo tempo, para o elemento estável e dinâmico que lhe é inerente. *Estável* porque, como um conceito englobante, acompanha todas as realizações humanas, como um sentido capaz de abranger em compreensão todo o estado de coisas da realização dos seres humanos, abarcando algo como a história das meditações. Toda produção humana se enreda em sentido. No aspecto *dinâmico*, faço referência à própria potencialidade do sentido, que é específica de cada desdobramento das realizações humanas. Aqui não mais me refiro ao sentido na sua dimensão abrangente, mas à concretude específica da atribuição de um sentido singular. Como eu disse antes, o hífen é a manifestação de todo o fazer humano ao longo da História; é aproximado do inconsciente como sua manifestação em

---

6 Freud dedicou a Conferência XXXV das *Novas conferências introdutórias sobre Psicanálise* (1933/1976) a refletir se a Psicanálise poderia oferecer-se como uma nova *Weltanschauung*, como alternativa às *Weltanschauungs* provenientes dos campos religioso e filosófico. E ele enfatiza o pensamento de que não, de que a Psicanálise não pode se constituir como uma *Weltanschauung* alternativa às provenientes da Religião e da Filosofia. O elemento que ele utiliza para distinguir a Psicanálise desses campos é a íntima conexão que vê existir entre a Psicanálise e a Ciência. E pensa que a Ciência é ainda muito jovem para constituir-se numa *Weltanschauung* por si própria. De outro lado, Freud argumenta que toda *Weltanschauung*, isto é, toda visão de ser humano e de mundo, é constituída em torno de elementos de ilusão, que passam a fazer parte dessas visões. E atribui à Psicanálise "a submissão à verdade e a rejeição às ilusões" (p. 220). Por isso, a Psicanálise não apenas é incapaz de oferecer-se como um consolo para os seres humanos na forma de uma *Weltanschauung*, como, justamente por isso, é uma poderosa ferramenta crítica para mostrar os limites e possibilidades que estão contidos em cada *Weltanschauung* e seus desdobramentos em ideologias, tal como viemos defendendo no uso do modelo e do método psicanalítico.

forma bruta, não lapidada. As *Weltanschauungs*, isto é, as diversas visões de mundo e de ser humano e as ideologias que a Filosofia da História foi depositando ao longo da História, bem como aquelas que ainda são construídas, seriam justamente as operações de lapidação constituídas no hífen através da ação humana.

O que se ganha ao integrar as imagens de Freud e Benjamin é que, em primeiro lugar, isso parece fortalecer o terreno da História como campo no qual se trabalha o hífen psicossocial. Em segundo lugar, dada a tensão que se estabelece entre as duas imagens, entre edificações e ruínas, entre o elemento preservado e ativo destacado por Freud e o elemento frustrado e desapontador destacado por Benjamin, dessa tensão pode emergir uma produção no campo psicossocial que seja, ao mesmo tempo, um resgate de memória, uma ressignificação e um ato reparatório, ou seja, uma construção no sentido mais pleno do termo, uma vez que envolve memória e reparação. Acho importante apontar que a imagem de Benjamin é poderosa o suficiente para ser entendida não apenas como um constructo erguido para significar o trabalho da História enquanto práxis e estudo; a meu ver, de algum modo essa imagem também consegue acolher os processos de reconstrução pessoais que cada ser humano deve realizar: nos processos de reconstrução pessoais, um anjo da História particular – caso se queira usar a imagem que Benjamin põe em cena olhando o quadro de Klee – está em ação, com os mesmos olhos arregalados, a mesma boca aberta, a mesma tensão nas asas e, principalmente, a mesma implicação com o tempo: tudo de que ele dispõe é o passado, apresentado ao mesmo tempo – integrando as imagens de Freud e de Benjamin – na forma de memória e ruína, a demandar seu ato de construção pessoal, modo como o futuro se realiza. Carlos Drummond de Andrade alude a esse anjo pessoal na primeira estrofe de seu "Poema de sete faces":

Quando nasci, um anjo torto
desses que vivem na sombra
disse: Vai, Carlos! ser gauche na vida.[7] (p. 13)

A voz poética é demandada desde seu nascimento, a partir de suas origens e da sombra, a construir determinada concepção de vida, visão de pessoa e de mundo. Ser *gauche* não é bem uma opção, tampouco é propriamente uma vestimenta obrigatória, algo como uma visão de mundo já pronta e acabada que Carlos nada mais teria a fazer, a não ser passar a utilizar. É mais algo assim como uma demanda mesmo, uma espécie de força gravitacional proveniente do estado de coisas em sua origem, capaz de organizar seu modo singular de ver a si e ao mundo. Ser *gauche* não é uma opção, tampouco é um destino para Carlos. É, como eu disse, uma demanda, uma espécie de imperiosidade suscitada desde as sombras de sua origem. O desdobrar de Carlos não é arbitrário.

Se na forma poética singular, a herança literária, isto é, a memória das formas literárias, empresta material para a lapidação do poema singular, num processo que Harold Bloom (2002) chamou de "angústia da influência" e que enreda de maneira complexa permanência e inovação, tradição e ruptura, Drummond aloca freudianamente essa angústia de influência num terreno biográfico, familiar,[8] e não exclusivamente estético. É desde o seu nascimento que o anjo torto o demanda, com a mesma angústia paradoxal que Harold Bloom aponta. Porque ser *gauche* não é fácil. Ser *gauche*

7 Os poemas de Carlos Drummond de Andrade com que trabalhamos aqui foram todos extraídos da *Antologia poética* (1987), organizada por ele.

8 Em "Confidência do itabirano", bem como nos poemas da seção "A família que me dei", da *Antologia poética,* torna-se mais explícito que a origem na qual o poema se enraíza e da qual é um desdobramento, ao mesmo tempo, de submissão e criação é a família e o entorno dela: Itabira.

significa, de algum modo, opor-se. Mas como escutar uma demanda por opor-se sem se opor a ela? É quase impossível. Se Carlos obedecer ao anjo, não será propriamente um *gauche*. *Gauche* que é *gauche* não escuta anjos. Mas, se ele não escutar o anjo, será um *gauche* e, nesse caso, estará sob o imperativo da demanda desse anjo torto, dessa influência de origem. O paradoxal invocado pelo poeta é importante como manifestação da força da origem que o impele a ser o que ele virá a ser, na sua meditação sobre si e sobre o mundo. Carlos escuta, ao mesmo tempo, uma demanda de tradição e ruptura, de memória e construção. Diz ele, em "Retrato de família":

> *Ficaram traços de família*
> *perdidos no jeito dos corpos.*
> *Bastante para sugerir*
> *que um corpo é cheio de surpresas. (p. 59)*

Traços de família e surpresas é do que é feito o jeito de um corpo, tal como traços de família e surpresas fazem o corpo do poema. Porque o poema é um retrato de família, tal como o corpo e suas realizações. O que o poeta vai fazer, o que vai desdobrar em forma poética, o vértice específico a partir do qual trabalhará seus poemas e, através dos poemas, trabalhará suas origens, não é aleatório, tampouco predestinado, no sentido de já dado, mas uma construção tão embrenhada de paradoxo, tão ao mesmo tempo atrelada a uma origem e aberta para o novo como o imperativo de ser *gauche*.

Não deve surpreender o paradoxal, se for levado em consideração o modelo freudiano. Nele, não apenas o fenômeno psíquico é maior do que a consciência, isto é, as determinações do que somos estão para além de nós, mas nesse modelo a existência dos opostos é inerente à noção de inconsciente. O paradoxo não é uma exceção – nas formações psíquicas é uma regra. Na cidade eterna, o diálogo entre os edifícios pode ser bem ruidoso e nem toda essa arquitetura fala a mesma língua. A memória é uma Babel, tanto em seu sentido macroscópico quanto em sua dimensão microscópica, no nível da história familiar de cada um(a). A sombra do poema, desde onde o anjo torto demanda, não é propriamente uma ausência de luz, mas uma claridade indefinida, uma radiação a ser desdobrada nas sucessivas polarizações, isto é, nas concentrações do aqui-e-agora de que é feita a vida. O paradoxo do mundo de Carlos não ficaria resolvido se ele fosse Raimundo. Verdade que pareceria mais harmonioso, porque *Raimundo* rima com *mundo*:

Mundo, mundo, vasto mundo,
se eu me chamasse Raimundo
seria uma rima, não seria uma solução.
Mundo, mundo, vasto mundo,
mais vasto é meu coração. (p. 14)

Se Carlos fosse Raimundo, ele e o mundo estariam em melhor acordo, mas isso, diz Carlos, só na rima. Porque na vida, entre coração e mundo, instala-se um paradoxo, ou um conflito, que é outra maneira de falar do paradoxo – a maneira psicanalítica de abordá-lo. O mundo é vasto, a origem é vasta, mas o coração, diz o poeta, é mais vasto ainda. E é exatamente desse coração que o anjo torto da origem demanda, atuando como uma sombra sempre presente e impossível de pular:

Numa incerta hora fria
perguntei ao fantasma
que força nos prendia,
ele a mim, que presumo

estar livre de tudo,
eu a ele, gasoso,
todavia palpável
na sombra que projeta
sobre meu ser inteiro:
um ao outro, cativos
desse mesmo princípio
ou desse mesmo enigma
que distrai ou concentra
e renova e matiza,
prolongando-a no espaço
uma angústia do tempo. (p. 72)

Aqui, o anjo torto assume o retrato de um fantasma, tão demandante quanto o primeiro e, ao mesmo tempo, capaz de renovar e matizar como o primeiro. Como o anjo, o fantasma é o enigma que desdobra e enraíza o poema. Ele é o próprio suceder da voz poética nas polarizações do aqui-e-agora a que eu fazia referência antes, ou, como essa voz diz melhor, na prolongação no espaço de uma angústia do tempo. Nesse mesmo poema, Carlos Drummond de Andrade[9] permite que o leitor saia do anjo pessoal e volte para o anjo da História de Benjamin, porque a voz poética faz ao fantasma uma última pergunta:

Perguntei-lhe por fim
a razão sem razão

---

9 No nome do poeta, vemos inscrito o paradoxo que ele desdobra em tantos poemas: o de ser Carlos nos laços de família tão explicitados na preposição *de*, que o ata aos Andrade: "Mas como dói!".

de me inclinar aflito
sobre restos de restos,
de onde nenhum alento
vem refrescar a febre
deste repensamento;
sobre esse chão de ruínas
imóveis, militares
na sua rigidez
que o orvalho matutino
já não banha ou conforta.

No vôo que desfere,
silente e melancólico,
rumo da eternidade,
ele apenas responde
(se acaso é responder
a mistérios, somar-lhes
um mistério mais alto):

Amar, depois de perder. (pp. 73-74)

O fantasma de Carlos Drummond de Andrade atua como o anjo de Benjamin. Ambos são atormentados e operam numa paisagem semelhante. Ambos produzem e deixam uma paisagem análoga; ambos demandam reparação: "Amar, depois de perder". Se o anjo de Benjamin, diante da catástrofe, quer recompor o despedaçado e acordar os mortos, o fantasma de Drummond opera nesse repensamento, que nada mais é do que a razão sem razão de se inclinar aflito sobre restos de restos. Em Benjamin, essa reconstrução será mais uma ruína a juntar-se às ruínas. Em Drummond, é uma febre, aqui exposta como poema. O que Benjamin e Drummond permitem que o leitor problematize nada mais é do que esse campo de estudos tão promissor que atualmente se denomina *transmissão geracional* e que emerge dessa hipótese tão cara a Freud, sobre a existência de uma analogia familiar nos desenvolvimentos da ontogênese e da filogênese.

Talvez o que levou Freud a esse tema tenha sido a própria vinculação profunda que viu ocorrer entre sua biografia pessoal e a Psicanálise que ele criou. Drummonianamente, pode-se dizer que a Psicanálise é o resultado da febre de Freud, ao inclinar-se aflito sobre restos de restos de sua história pessoal. Na *Interpretação dos sonhos,* Freud opera como Dante na *Divina Comédia.* Não apenas ele é autor e, ao mesmo tempo, personagem principal, mas também uma travessia difícil é tematizada. Dante, atravessando toda a imensidão do mundo eterno, o Inferno, o Purgatório e o Paraíso, vai encontrar Beatriz. Freud traz esse vasto mundo para a cena familiar. Inferno, Purgatório e Paraíso que devem ser atravessados para encontrar o quê? Um Freud desdobrado em Psicanálise. Laços de família não apenas integram sua produção à sua biografia, mas são os próprios laços de família que se renovam e se matizam em Psicanálise. Em sua correspondência com Fliess (Freud & Fliess 1887-1902/1986), tem-se acesso a fragmentos da autoanálise de Freud, e o que se vislumbra é que não é apenas a ambivalência afetiva deste em relação a seus pais o pilar do conflito psíquico que ele atravessava nesse período, ou melhor, o conflito afetivo materializa-se numa complexa rede ideacional que embaraça todo o núcleo familiar, que também é via de passagem ou de acesso a seus antepassados e emaranhados ideacionais.

Em 1900, mesmo ano da publicação da *Interpretação dos sonhos*, são redescobertas as leis da hereditariedade de Mendel, que ele apresentara num trabalho à Sociedade de História Natural de

Brünn, em 1865. Mendel estudou essas leis trabalhando com os hibridismos de plantas – o que lhe possibilitou determinar o número de formas diferentes com que se manifestam os brotos das plantas híbridas – ou arranjando-as de maneira a dar origem a determinadas formas de brotos. Ele provou que, na variação de certos aspectos da planta, traços de gerações passadas manifestavam-se no broto, ainda que esses traços estivessem invisíveis na geração anterior, atuando de modo recessivo na ordem genética. Segundo ele, certos caracteres eram apenas "dominados" por outros em determinada geração. Considerando o que Mendel observava em suas ervilhas, a dúvida que persistia era sobre como explicar o desaparecimento de uma característica numa geração e seu reaparecimento na geração seguinte. E é a essa dúvida que a hipótese de dominância e recessividade responde.

Freud não pensa de modo muito diferente quando estuda a constituição do aparelho psíquico. Aqui também, caso se queira, Freud realiza um estudo genético, porque o estudo das características pessoais leva em consideração as interações com os membros familiares. E essa interação não é exclusivamente de ordem afetiva, ou melhor, o afeto nunca é, na sua forma pura, o elemento que transita entre todos os membros da família. Para Freud, todo traço mnêmico é um híbrido de ideias e afetos. A ideia qualifica o afeto, por isso o conflito psíquico nunca se reduz a um conflito afetivo. Ele é sempre um conflito ideacional colorido por um afeto. É o próprio Freud quem diz que o afeto nunca é reprimido; o que é reprimido é o complexo ideacional. O inconsciente não é constituído por afetos, mas por ideias, isto é, por elaborações, expectativas, pontos de vista, recordações, impressões. Sem dúvida, qualquer manifestação ideacional é carregada de afeto, e é esse afeto que pode tornar o núcleo ideacional desprazeroso e, portanto, sujeito à ação da repressão. Mas, de qualquer maneira, aquilo que fica reprimido e nunca é excluído ou apagado é sempre um componente ideacional. E, desde o inconsciente, são núcleos ideacionais que atuam "recessivamente" na determinação de manifestações psíquicas posteriores. E assim, tanto nos homens como nas ervilhas, certas características, mesmo que não se manifestem diretamente, não desaparecem, induzem características posteriores e, às vezes, tornam a manifestar-se em momentos posteriores da vida.

O conflito psíquico se suporta na ambivalência afetiva entre amor e ódio, mas isso é uma afirmação geral. Na singularidade de cada fenômeno, o modo como o amor e o ódio se manifestam é sempre uma experiência vivida – em família, é uma experiência na qual os aspectos ideacionais de todos os membros, crianças e adultos, estão em atividade. Obviamente, na criança, o aspecto ideacional opera numa lógica e até talvez com um estatuto diferente de como opera no adulto, mas essa diferença não significa a anulação de sua elaboração ideacional, elaboração esta que precisa adquirir um lastro para sua operação, que é proveniente do núcleo familiar em que está inserida a criança. Lacan diz que o inconsciente se estrutura como uma linguagem, o que não é muito diferente do que está sendo dito. Toda família é uma linguagem, mas isso não quer dizer que ela seja apenas uma estrutura. Ela é também um novelo ideacional, uma cidade eterna. A criança aprende em família e através da família.

Nicolas Abraham e Maria Torok (1984), no livro *The shell and the kernel*, salientam o fato de a criança estar apegada à mãe e perceber seus gestos, seus atributos psíquicos e suas palavras. De acordo com os autores, mais do que isso, mãe e criança constituem uma unidade dual da qual a criança tem que se separar, carregando em torno de si toda uma série de rastros, o fantasma que vincula, de alguma maneira, o estar aqui-e-agora com essa unidade dual original. As leituras desses autores permitem compreender a operação ideacional da criança como uma operação com elementos advindos do novelo ideacional familiar, permeada por esse novelo. Vale a pena salientar aqui que o novelo ideacional também se enraíza nas experiências de vida da família e, portanto, dele fazem parte pontos de vista, expectativas, impressões e o registro das histórias vividas pelos membros nas distantes gerações desse núcleo familiar.

A família é também um novelo de histórias a partir do qual cada um(a) deve organizar-se e ganhar autonomia. Como Carlos, cujo poema é uma elaboração sobre suas origens, os Andrade. A construção de nosso ser, essa operação ontogenética, é feita com o material familiar, em torno desse material, que é a filogênese de cada sujeito. Nós todos somos produtos psíquicos de uma regressão infinita de histórias familiares. Freud destaca na cidade eterna a presença de todas as edificações construídas ao longo da história – as edificações seriam essas histórias familiares. Benjamin destaca o caráter de ruína – as ruínas seriam também essas histórias familiares.

Toda história familiar carrega também silêncios, pontos de suspensão, hífens e mutismo. Isso não quer dizer que algo se suprima; nada se suprime. Algo apenas se silencia, se isola e pode ganhar a qualidade de segredo. Na condição de silêncio, de mutismo, o conhecimento se desconhece. Na qualidade de segredo, o desconhecimento se conhece. Ambos operam na rede ideacional da criança. Ambos suscitam a febre a que Drummond se refere em seu poema. Ambos fazem parte da vastidão do coração e da linguagem da família, atuando, portanto, como forças determinantes dos limites e possibilidades das operações ideacionais a que todos os membros da família estão submetidos, incluindo a criança. Se o silêncio e o segredo ganham forte amplificação no novelo ideacional da família, cada um dos membros vê reduzida sua possibilidade de nomeação, tanto sobre o que se passa em família quanto sobre si próprio(a) e o mundo que o(a) rodeia. Assim como na imagem de Benjamin um anão corcunda determina os lances do jogador, e no poema de Drummond um anjo torto determina a visada de vida da voz poética, os silêncios, os segredos falam tanto quanto os novelos ideacionais no romance familiar que cada um(a) ergue na construção de seus projetos identitários. Tanto no silêncio quanto no segredo está presente um elemento *traumático*, para utilizar um termo que é importante na Psicanálise. Se Freud soube imprimir à Psicanálise um caráter etiológico, isto é, uma vinculação com uma origem para a compreensão do fenômeno psíquico, na origem da Psicanálise Freud outorgou ao trauma o estatuto de origem do sintoma psíquico. Ali, a Psicanálise surgiu.

O trauma psíquico é uma comoção psíquica. Ferenczi (1933/1981) lembra que a palavra alemã *Erschütterung*, "comoção psíquica", vem de *Schutt*, "ruína", compreendendo a destruição, a perda da própria forma. Em *Estudos sobre a histeria,* primeiro trabalho psicanalítico de Freud (1895/1976), o trauma assume, em diversos momentos, essa condição de origem do conflito psíquico, do sintoma. Aí, o trauma é entendido como um evento advindo do real, como um choque na experiência real que é capaz de estremecer as defesas do eu. Mas, à medida que Freud foi se aprofundando em sua compreensão da realidade psíquica, o estatuto do real foi, por assim dizer, sendo absorvido ou englobado pelo estatuto dessa realidade. Freud nunca silenciou propriamente a força do real, o que pode ser visto em todos os seus casos clínicos, nos quais os aspectos do real são seriamente levados em consideração por ele. Mas ele outorgava também à realidade psíquica um papel ativo na constituição do conflito. Pode-se até afirmar que responsabilizar a realidade psíquica pelo conflito é uma das características básicas da Psicanálise e, a meu ver, isso se deve não apenas ao fato de Freud entender que a realidade psíquica se constitui a partir de um suporte pulsional, mas também talvez porque responsabilizar cada sujeito por seu sintoma seja uma etapa importante da terapêutica, no sentido de possibilitar a superação do sintoma.

Em todo caso, é inerente aos textos psicanalíticos de Freud, quando vistos em seu conjunto, uma certa ambiguidade em sua posição em relação à ressonância do real na constituição psíquica e, mais especificamente, na noção de trauma. Se, de um lado, Freud avança no sentido de dar maior ênfase à realidade psíquica, de outro, essa realidade é constituída em resposta ao real. É isso que se vê apresentado em *Além do princípio do prazer* (1920-1921/1976), em que a angústia, a consequência imediata do trauma, funciona como um sinal organizador de todos os mecanismos de defesa do ego, isto é, é estruturadora da realidade psíquica. E mais: toda a ênfase que Freud dá à filogênese nada mais é do que salientar o fator determinante dos elementos extrapsíquicos que, em Freud, de algum modo, também devem se constituir numa espécie de história psicológica para agir na psicologia de cada um(a). Assim é, por exemplo, em seus estudos em *Totem e tabu* (1913/1976), em que a angústia de castração e o próprio complexo edípico, que em princípio são para Freud invariáveis da constituição psicológica de cada um(a), são determinados pela história psicológica na qual ficam enredados os processos históricos, morais e religiosos dos seres humanos, até uma mítica horda primitiva na qual teria se dado o parricídio originário, cena histórica e origem de uma história psicológica singular humana. Isso quer dizer que o novelo ideacional é uma filogênese, ou uma história psicológica que atravessa gerações e constitui-se num patrimônio psíquico da elaboração de cada sujeito: os Andrade são o patrimônio filogenético para a construção ontogenética de Carlos, o que significa que os Andrade são tanto a reserva sócio-cultural-econômica de Carlos quanto o seu trauma. E como o coração dele é mais vasto do que todo esse mundo, isto é, como cabem nele todos os Andrades e algo além, Carlos e esse mundo não rimam em perfeição – para sorte e azar de Carlos. O trauma é inerente à elaboração, assim como o processo de construção pessoal é inerente ao ato de reparação.

Benjamin (1969/1980), num texto dedicado à obra do escritor russo Nikolai Leskow (1831-1895), reflete atentamente sobre a arte de narrar e o trabalho do narrador: "apresentar um Leskow como narrador não significa aproximá-lo de nós; significa, antes, aumentar nossa distância em relação a ele" (p. 57). O que Benjamin ressalta, no início desse ensaio, é que

> *a arte de narrar caminha para o fim. Torna-se cada vez mais raro o encontro com pessoas que sabem narrar alguma coisa direito... É como se uma faculdade, que nos parecia inalienável, a mais garantida entre todas as coisas seguras, nos fosse retirada. Ou seja: a de trocar experiências. (p. 57)*

Benjamin ressalta a intimidade entre narrativa e experiência, agregando: "a experiência caiu na cotação" (p. 57). Ele ilustra essa desvalorização tomando como exemplo o jornal:

> *Qualquer olhada aos jornais comprova que ela [a experiência] atingiu novo limite inferior, que não só a imagem do mundo externo, mas também a do mundo moral, sofreu da noite para o dia mudanças que nunca ninguém considerou possíveis. (p. 57)*

Ao trazer à cena os jornais para falar sobre o estado de coisas do mundo externo e do mundo moral, Benjamin, a meu ver, está problematizando não apenas esse estado de coisas, mas também o modo como ele é representado, ou melhor, o meio pelo qual é representada a imagem do mundo externo e do mundo moral. McLuhan (1969) salientou que o meio é a mensagem. E Benjamin parece salientar que os jornais, isto é, os meios de comunicação centrais sobre o mundo externo e o mundo moral, não são propriamente instrumentos para a troca de experiências, nem propriamente territórios onde se possa colocar em operação, com plena força, o essencial do narrador, isto é, a narrativa. O jornal pode informar, opinar, demandar, vender, dirigir, mas não pode narrar. E, por isso, não constitui um campo através do qual os seres humanos possam ganhar experiência, o que, pelo desdobramento do ensaio, quer dizer que a troca de informações veiculada pela mídia não abre o ser humano para uma transformação pessoal – para Benjamin, um atributo da situação de troca de experiências. Ao contrário, as informações veiculadas pelos jornais, as imagens do mundo externo e do mundo moral encerram o ser humano na situação externa e no mundo moral em que ele(a) já se encontra inserido(a); o jornal aprisiona o ser humano ao mundo externo e moral, sem lhe permitir a abertura que a narrativa e a experiência trazem consigo. Mas Benjamin (1969/1980) continua:

> *com a Guerra Mundial, começou a manifestar-se um processo que desde então não se deteve. Não se notou, no fim da guerra, que as pessoas chegavam mudas do campo de batalha – não mais ricas, mas mais pobres em experiência comunicável? O que dez anos mais tarde desaguou na maré de livros de guerra era tudo, menos experiência que anda de boca em boca. E isso não era de estranhar. Pois nunca as experiências foram desmentidas mais radicalmente do que as estratégicas pela guerra de posições, as econômicas pela inflação, as físicas pela batalha de material bélico, as morais pelos detentores do poder. Uma geração que ainda fora à escola de bonde puxado a cavalos ficou sob céu aberto numa paisagem onde nada permanecera inalterado, a não ser as nuvens e, debaixo delas, num campo magnético*

> *de correntes e explosões destruidoras, o minúsculo, frágil corpo humano. (p. 57)*

Nem sequer a "maré de livros" consegue pôr a experiência em circulação. Tudo se transformou, de modo bem violento, "num campo magnético de correntes e explosões destruidoras" e, no entanto, nada parece dar conta da narrativa dessa transformação – nem os jornais, nem a maré de livros. Benjamin está falando de um transtorno ocorrido nas primeiras décadas do século XX, um transtorno que envolve a modernidade, a vida urbana, a tecnicização e uma guerra. O modo como ele lida com esse transtorno sugere que, na história dos seres humanos, pode haver fatos que operam em analogia com aqueles que Freud detectou e que promovem a comoção psíquica no sujeito individual. Se, como afirma Ferenczi (1933/1981), "o trauma impacta o sujeito, fragilizando seu sentimento de si, sua capacidade de resistir, de atuar e de pensar em defesa do próprio eu, promovendo uma comoção que não pode ser superada" nem por uma transformação do mundo circundante, no sentido de afastar a causa etiológica da comoção, tampouco através da produção de uma elaboração capaz de superar a comoção, Benjamin sugere que, na História, o trauma silencia a experiência, ou melhor, a elaboração de uma vivência, que é o modo como os fatos vividos podem se realizar em experiência, ou seja, em vida elaborada, num patrimônio pessoal, resultado das aventuras de cada um(a) no campo da vida.

De acordo com a lógica do texto de Benjamin, é possível viver e não ganhar experiência – esse é um transtorno pessoal. Mas Benjamin, realizando uma arqueologia social, encontra um fator etiológico mais profundo, mais amplo para essa incapacidade de elaborar a vida em experiência: os transtornos são pessoais, mas o fator etiológico é um estado de coisas no social – o desaparecimento do narrador e da narrativa promovido por um poder tecnocrata.

Segundo ele, os soldados chegaram da Primeira Guerra Mundial mudos, e os jornais e a maré de livros não puderam contribuir para a superação desse silêncio. Uma comoção atingiu a História, isto é, as vivências humanas viram afetada sua possibilidade de elaboração, e todo um grupo social ficou encerrado no silêncio, na incapacidade de transformar a vivência em experiência. Benjamin traz assim a noção de *trauma* – palavra originária do campo da Medicina e utilizada por Freud para dar conta das comoções psíquicas – para o campo da História. Mais uma vez, pode-se acompanhar como as observações da clínica psicanalítica podem ser utilizadas no estudo dos fenômenos sociais. Nos dias de hoje, são diversos os autores que trabalham com a noção de trauma na História[10] e observam a reação de grupos sociais a eventos violentos a partir desse referencial. Benjamin, nesse texto, pode ser uma referência para esse campo de estudos, porque, em sua agudeza reflexiva, ele sabe nomear que a catástrofe de uma guerra ou de eventos sociais violentos pode ocasionar bem mais do que as gigantescas perdas materiais e humanas que sempre estão envolvidas nesses acontecimentos. Pode acarretar uma comoção psíquica do grupo, isto é, um transtorno no modo como se representam e representam o mundo ao redor, e até na própria possibilidade de representação de si e do mundo, com um impacto intenso na história desse grupo social, a ponto de delinear as determinações básicas do modo como esse grupo social vai se comportar historicamente. No caso que Benjamin estuda – as comoções históricas das primeiras décadas do século XX –, essa catástrofe trouxe consigo o emudecimento da narrativa, a impossibilidade de representar o vivido e, portanto, de superá-lo com uma transformação de si.

---

10 Uma importante coletânea de estudos interdisciplinares sobre o impacto traumático de violências contra grupos humanos é *Cultures under siege: collective violence and trauma* (Robben & Suarez-Orozco, 2000).

Freud (1917/1976), em *Luto e melancolia*, destaca que nos processos melancólicos, isto é, naqueles em que um acontecimento doloroso, uma perda, não é passível de ser superada através de um processo de luto, "a sombra do objeto cai sobre o ego" (p. 281), isto é, o ego fica refém do objeto perdido e promotor da angústia, suscitando uma fragilização da coesão das formações psíquicas e a emergência de uma desorientação. É dessa desorientação que Benjamin trata num nível coletivo. O grupo social pode perder as instâncias narradoras, aquelas capazes de dar sentido à experiência para além do mero registro ideológico, que nunca dá conta da comoção grupal que o choque da História suscita. Os jornais e livros a que Benjamin se refere apenas põem em circulação uma imagem da realidade que coage o grupo social, no sentido de ficarem encerrados, reféns dessa realidade; esses jornais e livros não são espaços de elaboração, podendo ser, do modo como Benjamin os entende, instrumentos da mesma batalha e, portanto, ferramentas do "campo magnético de correntes e explosões destruidoras".

Se antes foi sugerido que o hífen da Psicologia Social é o lugar da memória e das operações com ela, isto é, o modo como se efetiva uma psicologia e um social específicos, ou como natureza, corpo e cultura se entrelaçam, um trauma social nada mais é do que uma comoção no hífen. É isso que Benjamin salienta ao tratar do silenciamento da experiência. O que parece transtornado é o trabalho com a memória. Benjamin (1969/1980) apontará para o esvaziamento da noção de sentido da vida e para a perda do lugar do conselho. O transtorno do ato de recordar repercute em todas as dimensões daquilo que constitui a organização de um referencial identitário de si e do mundo, e numa desorientação histórica, dado o eclipsamento do sentido da vida. O que Benjamin parece estar problematizando é a etiologia do fenômeno da *alienação*, um conceito que também só pode ser compreendido levando-se em consideração o estado de coisas no interior do hífen. A alienação é uma situação de vida na qual, utilizando o modelo de Benjamin, o anjo da História é incapaz de escutar a demanda das ruínas e dos mortos, ou em que o anjo torto de Drummond é incapaz de emergir da sombra e suscitar uma demanda. Em ambos os casos, na situação alienada, a vida se transforma em mero viver, e a febre se transforma em angústia.

Para Benjamin (1969/1980), a memória não é a operadora direta da narrativa. Ela só se transforma em narrativa graças à presença da morte:

> *Morrer, outrora um processo público e altamente exemplar (pense-se nas imagens da Idade Média, nas quais o leito de morte se metamorfoseava num trono, de encontro ao qual, através das portas escancaradas da casa mortuária, o povo ia se apinhando) – morrer, durante a Era Moderna, é cada vez mais repelido do mundo perceptível dos vivos. Antigamente, não havia uma casa, quase nem um quarto, em que alguém já não tivesse morrido... Em espaços que ficaram purificados da morte, os cidadãos hoje são habitantes enxutos de eternidade e, quando seu fim se aproxima, eles são dispostos pelos herdeiros em sanatórios ou hospitais. No entanto, não é só o saber ou a sabedoria do homem, mas acima de tudo sua vida vivida – a matéria de onde surgem as histórias – que assume forma transmissível primeiro naquele que morre. Da mesma maneira como no íntimo do homem entra em movimento, com o correr da vida, uma sequência de imagens – que consiste nos pontos de vista da própria pessoa, entre os quais sem se aperceber, ele encontra a si mesmo –, aos seus gestos e olhares incorpora-se de repente o inesquecível e transmite, a tudo que lhe disse respeito, a autoridade*

> *de que até o mais miserável pé de chinelo dispõe diante dos vivos, na hora de morrer. Esta autoridade está na origem da narrativa. (p. 64)*

Para Freud, a sombra que cai sobre o ego e que transtorna o luto, dando origem à melancolia, nada mais é do que a impossibilidade de lidar com a morte. Benjamin também relaciona o silêncio da narrativa com uma dificuldade de lidar com a morte. Se fiz questão de trazer essa extensa citação, foi para mostrar como pode ser rico relacionar História e Psicologia. Aqui não há redução nenhuma; ao contrário, aqui a História pode ser compreendida como a parteira da experiência pessoal, que, segundo a compreensão de Benjamin, só emerge quando dotada de uma autoridade que pode estar legitimamente ao alcance de qualquer ser humano, desde que se saiba mortal diante de uma vida que permanece. A narrativa, isto é, a experiência, é aquilo que um ser humano deixa de herança para os seus.

O que me parece mais insólito, nesse texto, é o lugar que Benjamin dá à morte na incrível dialética que suscita para entender o fenômeno da experiência. Não se trata apenas de que o ser humano tem que se saber mortal. Trata-se de que, dentro do hífen, no interior da memória, a morte precisa ter o seu lugar: é ela a promotora da dinamização da memória. Na cidade eterna de Freud, a morte precisa estar presente para que, da união de todas as edificações, possa emergir um sentido. O que o texto de Benjamin me leva a conjeturar é que o hífen é tão humano quanto o ser humano, que a memória pessoal e a memória coletiva são feitas da mesma matéria que cada ser humano; a memória também é mortal, ou melhor, o mortal habita no interior da memória da mesma maneira que a morte limita cada um(a) de nós. O hífen que a Psicanálise nos ajuda a pôr de manifesto não é nada mais nada menos que o extrato a partir do qual o ser humano se manifesta. Alocar a morte na memória é alocar a essência do ser humano na memória. Por isso, o estudo da Psicologia Social pode permitir a emergência de algo assim como uma antropologia da condição humana em cada situação histórica.

Referências

Abraham, N., & Torok, M. (1984). *The shell and the kernel: Renewals of psychoanalysis* (Vol. 1). The University of Chicago Press.

Andrade, C. D. (1987). *Antologia poética.* Rio de Janeiro: Record.

Benjamin, W. (1971). Tesis de la Filosofia de la Historia. In *Angelus Novus.* Edhasa. (Trabalho original publicado em 1940).

Benjamin, W. (1980). O narrador – observações acerca da obra de Nicolau Leskow. In *Os Pensadores* (Textos escolhidos/Walter Benjamin, Max Horkheimer, Theodor W. Adorno, Jürgen Habermas, pp. 57-74). Abril Cultural. (Trabalho original publicado em 1969).

Bloom, H. (2002). *Angústia da influência – Uma teoria da poesia.* Rio de Janeiro: Imago.

Ferenczi, S. (1981). Reflexiones sobre el traumatismo. In *Obras completas* (Vol. 4). Espasa Calpe. (Trabalho original publicado em 1933).

Freud, S. (1976). Estudos sobre a histeria. In *Edição Standard das Obras Psicológicas Completas de S. Freud* (Vol. II). Imago. (Trabalho original publicado em 1895).

Freud, S. (1976). A interpretação dos sonhos – A regressão. In *Edição Standard das Obras Psicológicas Completas de S. Freud* (Vol. IV). Imago. (Trabalho original publicado em 1900).

Freud, S. (1976). Totem e tabu. In *Edição Standard das Obras Psicológicas Completas de S. Freud* (Vol. XIII). Imago. (Trabalho original publicado em 1913).

Freud, S. (1976). Conferência XXI. O desenvolvimento da libido e as organizações sexuais. Conferências introdutórias sobre Psicanálise. In *Edição Standard das Obras Psicológicas Completas de S. Freud* (Vol. XVI). Imago. (Trabalho original publicado em 1916-1917).

Freud, S. (1976). Luto e melancolia. In *Edição Standard das Obras Psicológicas Completas de S. Freud* (Vol. XIV). Imago. (Trabalho original publicado em 1917).

Freud, S. (1976). Psicologia de grupo e a análise do ego. Além do princípio de prazer, psicologia de grupo e outros trabalhos. In *Edição Standard das Obras Psicológicas Completas de S. Freud*, (Vol. XVIII). Imago. (Trabalho original publicado em 1920-1921).

Freud, S. (1976). O futuro de uma ilusão, o mal-estar na civilização e outros trabalhos. In *Edição Standard das Obras Psicológicas Completas de S. Freud* (Vol. XXI). Imago. (Trabalho original publicado em 1930).

Freud, S. (1976). Conferência XXXV. A questão de uma *Weltanschauung*. Novas conferências introdutórias sobre Psicanálise e outros trabalhos. In *Edição Standard das Obras Psicológicas Completas de S. Freud* (Vol. XXII). Imago. (Trabalho original publicado em 1933).

Freud, S., & Fliess, W. (1986). *A correspondência completa de S. Freud para W. Fliess*. Imago. (Trabalho original publicado em 1887-1902).

Marcuse, H. (1979). *A ideologia da sociedade industrial*. Zahar. (Trabalho original publicado em 1964).

Patto, M. H. S., & Frayze-Pereira, J. A. (2007). *Pensamento cruel – humanidades e ciências humanas: Há lugar para a Psicologia?* Casa do Psicólogo.

Robben, A., & Suarez-Orozco, M. (Org.) (2000). *Cultures under siege: Collective violence and trauma.* Cambridge University Press.

2. Em busca de um encontro: o método hermenêutico na pesquisa em Psicologia Social[1]

Toda investigação no campo da Psicologia Social deve ter como referência e preocupação as relações entre o individual e o coletivo, entre a pessoa e a sociedade, não como entidades separadas que possam ser estudadas de forma independente pela Psicologia e pela Sociologia, mas como fenômenos cujos aspectos psicológicos e sociológicos, vistos a partir de qualquer uma das diversas teorias desses campos especializados do saber, encontram-se indissociavelmente interligados. O campo da Psicologia Social é o hífen do psicossocial, lugar no qual se interrelacionam, nas palavras de Adorno (1950/1986), o *homo oeconomicus*, que é resultado da ação das instituições e engrenagens nas quais se suporta e se limita seu intercâmbio com outros seres humanos, em cujo interjogo dá-se o essencial das trocas responsáveis pelo comércio da adaptação, e o *homo psychologicus*, determinado e agente de uma economia subjetiva que, a partir de Freud e outros seguidores, ressalta as intensidades de uma demanda pulsional, de um além do campo do

1 Originalmente publicado em *Temas em Psicologia, 20*(1), 2012.

racional, como parte do comércio essencial do processo de colorir emocionalmente a si mesmo e ao mundo em que se está. Toda tentativa de fixar esse hífen e trabalhar em seu interior permite, segundo a esclarecedora posição de Adorno nesse texto, fazer uma "sociologia com sociedade" (p. 50), ou seja, levando em consideração as pessoas e, ao mesmo tempo, evitando o silenciamento das implicações sociais como territórios da presença do acontecer histórico, econômico e cultural. O hífen nos estudos psicossociais significa tanto a irredutibilidade do psicológico ao social – e vice-versa – como a complementaridade entre eles, isto é, a impossibilidade de existir um sem o outro.

Adorno diz, no mesmo texto (1950/1986), que foi o processo de fragmentação e especialização do conhecimento, próprio dos modos capitalistas de produção, que separou e atomizou os conhecimentos sobre o ser humano, de um lado, e a sociedade, de outro. A integração entre o psíquico e o social – cujo modelo poderia ser a fita de Moebius,[2] que integra sem solução de continuidade os dois lados – é um aspecto essencial de qualquer estudo desenvolvido no campo da Psicologia Social, e isso não apenas por estabelecer um modelo teórico que, de forma mais ou menos coerente, consegue abranger e estabelecer conexões necessárias entre os diversos domínios da existência e as determinações da vida humana, mas porque estabelece um vínculo entre o que seriam as teorias sobre a vida dos seres humanos – históricas, econômicas, socioculturais, psicológicas etc. – e a experiência da vida humana em si. Mais do que vincular interioridades e exterioridades, subjetividades e objetividades, vida psicossexual e processos históricos, socioeconômicos e culturais, singularidades humanas e histórias

---

2 Diversos autores no campo da Psicologia Social têm se utilizado da fita de Moebius como imagem expressiva da integração entre o psíquico e o social. Ver, por exemplo, Frosh e Baraitser (2008).

coletivas – todas, de algum modo, elaborações teóricas sobre a vida humana –, a Psicologia Social deve ressaltar o hífen entre todo esse campo teórico, as minuciosas e inumeráveis construções elaboradas em seu interior, e a concretude da vida humana em si, colaborando, desse modo, para que a representação sobre a vida dos seres humanos não se desprenda da situação de vida concreta e ganhe autonomia, evitando assim que se reduza a vida humana à representação, ou à representação dela no campo de postulados ideacionais que sobre ela e a partir dela são produzidos. Segundo Gonçalves Filho (1998),

> *A Psicologia Social caracteriza-se não pela consideração do indivíduo, pela focalização da subjetividade no homem separado, mas pela exigência de encontrar o homem na cidade, o homem no meio dos homens, a subjetividade como aparição singular, vertical, no campo intersubjetivo e horizontal das experiências... Trata-se sempre do modo mais ou menos singular por que um homem aparece em companhia de outros. (p. 14)*

E ele tem razão, não apenas porque a Psicologia Social estabeleceria as interconexões entre subjetividade e história, a serviço das quais expõe a ideia que cito aqui, mas porque ressalta a exigência de encontrar o ser humano, de aproximar-se de sua situação de vida concreta. O que estou procurando ressaltar é que a vida de cada pessoa posiciona-se diante dos modelos teóricos como a coisa em si diante dos fatos da razão. E deve-se levar em consideração que o desenvolvimento dos modelos no campo teórico das Ciências Humanas ganhou uma extensão e também uma fragmentação tão amplas, tanto em sua vertente histórico-sociológica quanto psicossocial, que o que ameaça nos dias de hoje não é tanto uma extrema "psicologização" do social ou uma "sociologização" da subjetividade, mas o divórcio entre as produções teóricas e a vida humana concreta.

Em busca do encontro: o método hermenêutico

Como, então, encontrar o ser humano? Como vencer essa distância que separa as teorias sociológicas, econômicas, históricas e culturais ou psicológicas, da experiência em si da vida humana? Este texto é uma tentativa de refletir sobre os caminhos pelos quais as teorias em Ciências Humanas podem – ou não – encontrar o ser humano e, em diálogo com ele/a, vir a conhecê-lo/a.

No final do século XIX, o filósofo alemão Wilhelm Dilthey[3] propôs que não é possível conhecer o fenômeno humano a partir dos mesmos pressupostos com que trabalham as Ciências Naturais; que as Ciências Humanas, ou do Espírito, como ele dizia, demandavam um método específico de conhecimento, apropriado ao seu objeto, que não funcionaria segundo as mesmas leis que regem os fenômenos naturais. Num contexto epistemológico positivista, ele propunha que esse método não se baseasse em qualquer forma de obscurantismo romântico, mas que ganhasse um estatuto de organização e estabilidade através do qual o estudo do ser humano e de suas produções pudesse ser legitimamente considerado científico.

Dilthey afirmava que o espírito tinha um sentido social, que era um reflexo mimético de determinado contexto sócio-histórico e, portanto, não poderia ser apreendido como uma realidade desencarnada. Conhecer uma obra do espírito, para ele, seria situá-la em relação a certa visão de ser humano e de mundo de uma época, da qual ela – a obra – seria expressão. Para alcançar essa

3 O pensamento de Wilhelm Dilthey, tal como aqui exposto, foi extraído da obra de Ricoeur (1986).

visão de mundo e de ser humano, seria necessário interpretar a obra a partir dos signos que esta oferece à captação. Para Dilthey, enquanto as Ciências da Natureza seriam organizadas em torno de leis de causa e efeito, antecedentes e consequentes, e conhecer um fenômeno seria explicá-lo nos termos dessas leis, o método para o conhecimento do ser humano e de suas produções seria a compreensão, ou seja, a interpretação dos signos a partir dos quais se expressa a vida humana. *Explicar* e *compreender* seriam, para ele, duas maneiras diferentes de pensar e dizer sobre as coisas, e a compreensão anunciava uma especificidade das Ciências Humanas, que deveriam buscar não leis de causa e efeito, como dissemos, mas visões de mundo, motivos, intenções, sentidos.

A compreensão é um método de conhecimento que se funda basicamente em nossa capacidade de nos trasladarmos a uma vivência psíquica alheia sobre a base dos signos que o outro oferece à captação, e que incluem o gesto, a palavra falada, a obra de arte ou o texto – todas as inscrições que a realidade humana deixa atrás de si. Todo fenômeno humano é linguagem. E é com a nossa humanidade que captamos, através da linguagem, a humanidade do outro, os sentidos que o mobilizam. A compreensão pressupõe uma espécie de fusão entre o sujeito e o objeto do conhecimento: para compreender, precisamos nos colocar no mundo junto com o que está para ser compreendido. Dilthey propôs a criação de uma psicologia que guiaria a compreensão e buscou codificar essa prática, uma vez que só se poderia falar de "ciências humanas" se estas se erigissem como um verdadeiro saber que conservaria sua marca de origem na compreensão dos signos, mas que, a partir da compreensão, se organizasse como um método de conhecimento. Toda compreensão é uma interpretação, uma leitura do mundo que diz respeito ao modo de estar nele. As palavras e os gestos, os signos de forma geral, já são interpretações que exprimem modos de estar no mundo. A vida se expressa em signos e, assim, interpreta a si mesma. Mas, segundo Dilthey, para que pudesse se tornar ciência, era necessário codificar e sistematizar a prática interpretativa.

A Hermenêutica, a ciência da interpretação, como prática sistemática de desvelamento de sentidos tem origem na exegese bíblica, no desenvolvimento de um enquadre e de um método que dirigem essa prática, realizada em séculos de leituras e discussões dos textos sagrados. Nos séculos XVIII e XIX, a Hermenêutica amplia-se para a leitura de textos em geral, em busca de uma boa prática interpretativa.

Para o filósofo hermeneuta Gadamer (1960/1997), o modelo básico do método compreensivo/interpretativo é o diálogo, sempre quando este envolve uma troca entre parceiros que buscam conhecer algum tema. Mas, para que esse diálogo possa constituir-se como método de conhecimento, é necessário que nenhum dos parceiros tenha controle sobre o intercâmbio, que deve ser determinado, guiado pelo próprio tema em questão. O processo de compreensão dialógico assim estabelecido permitiria a formação de uma linguagem comum, mediada pelas regras linguísticas compartilhadas e construída a partir de sentidos também compartilhados. Neste sentido, a compreensão é um método de conhecimento que envolve necessária e indissociavelmente o familiar e o alheio e obriga o traslado de um ao outro. Da mesma forma, para Gadamer, compreender um texto seria estabelecer uma comunicação entre a alma do autor e a alma do leitor, numa espécie de comunhão semelhante à que ocorre no diálogo em presença.

A hermenêutica na pesquisa em Psicologia Social

Podemos agora nos perguntar, guiados pelo objetivo desta reflexão, quais são as condições que possibilitam que esse diálogo se constitua como método de conhecimento em Psicologia Social. É possível que, entre o sujeito do conhecimento e aquele(a) que se quer conhecer, se estabeleça um diálogo que seja como uma conversa entre parceiros em pé de igualdade em relação ao controle do intercâmbio entre eles(as)? Gonçalves Filho diz, no mesmo texto, que uma conversa capaz de revelar sentidos novos, até então desconhecidos, é possível na pesquisa em Psicologia Social apenas quando se estabelece entre os parceiros uma relação de amizade, uma relação entre iguais. Ou quando se concebe, como diz Ecléa Bosi (1973/1987) em *Memória e sociedade: lembranças de velhos*, que entre os interlocutores há o que ela chama de *comunidade de destino*, ou seja, que partilham não apenas um destino comum aos seres humanos – o envelhecimento e a morte –, mas também a humanidade com a qual podem compreender, cada um e uma, a humanidade do outro, colocando-se em seu lugar. O sociólogo Pierre Bourdieu (1993/1999), em sua exposição sobre o método de pesquisa no livro *A miséria do mundo*,[4] recomenda que a conversa seja feita entre pessoas que, ainda que em posições diferentes dadas pela própria situação de pesquisa, tenham, por uma história de convívio, identificação e afinidade, diminuídas as distâncias que as separam. Assim, por exemplo, numa pesquisa feita no Harlem, em Nova York, ele treinou jovens negros como entrevistadores. Mas essa recomendação, segundo Bourdieu, não é suficiente. O trabalho fundamental com a desigualdade, que ele propõe ser necessário para de algum modo superá-la em direção à igualdade, é a

---

4 *A miséria do mundo* é um livro de Pierre Bourdieu (1993/1999) organizado a partir do trabalho de uma equipe que, sob sua coordenação, realizou entrevistas com pessoas que, na França, vivem o que ele chamou de "pequenas misérias", nomeando assim as mazelas do confronto cotidiano com condições tão adversas quanto a moradia em conjuntos habitacionais nos quais o convívio obriga a aproximar o que tudo o mais separa, como as diferenças de origem, de etnia, de línguas e costumes; o trabalho insano e ameaçado; a falta dele; e a educação em instituições que mais violentam do que ensinam. A ideia de Bourdieu e sua equipe foi a de dar voz a essas pessoas e registrar suas falas.

inclusão das determinações estruturantes do campo que se constitui a partir do diálogo em seu próprio interior, num movimento permanente de "reflexividade reflexa", como ele o nomeou para explicitar o debruçar-se da relação intersubjetiva sobre si mesma, a fim de pensar, num movimento contínuo entre os parceiros, suas próprias determinações sociais, políticas, culturais, psicológicas.

A dialética entre igualdade e desigualdade e o esforço do diálogo igualitário entre pessoas que as estruturas socioculturais diferenciam e separam estão no cerne de grande parte dos trabalhos de pesquisa realizados no campo da Psicologia Social, em especial quando envolvem o contato entre pesquisador e pesquisado em situações que chamamos de entrevistas. Constitui-se num enorme desafio que o encontro entre pesquisador e pesquisado seja um diálogo entre parceiros do qual emerja uma compreensão verdadeira e original, dado que é antes de tudo um encontro entre capitais simbólicos diferentes, que reproduz a desigualdade social em uma relação que tende muito facilmente a eivar-se de poder e submissão, em função de tudo o que determina e engloba o que acontece nesse encontro que é a entrevista. Entrevista: uma vista entre, uma visão que se faz entre dois. Mas, na realidade, talvez baste dizer, para pôr em suspensão a ideia da entrevista como conversa que se realiza entre dois numa parceria de iguais – acompanhando para tanto o pensamento de Elias Canetti (1960/1981) num capítulo de seu livro *Massa e poder* que tem por título "Pergunta e resposta" –, que toda pergunta já é em si instrumento de poder, uma vez que obriga o outro a dar uma resposta. Vale a pena citar alguns trechos de Canetti, implacável em sua análise do perguntar e do responder. Ele diz:

> *Todo perguntar é incursionar. Quando a pergunta se pratica como meio do poder, corta como uma navalha no corpo do interrogado. Já se sabe o que se* pode

> *encontrar. Mas se quer encontrar e tocar realmente. Com a segurança de um cirurgião se penetra nos órgãos internos. O cirurgião mantém viva a sua vítima para averiguar coisas mais precisas acerca dela... A pergunta, que no final das contas é uma espécie de dissecção, começa com um tateio. O contato se intensifica e chega a diferentes áreas. Onde encontra pouca resistência, penetra. Ela irrita determinadas zonas para saber algo mais seguro acerca de outras. . . . As perguntas buscam respostas [e] não apenas retêm o inquirido externamente. Com cada resposta ele mostra uma parte mais de si. Podem ser coisas sem importância, superficiais, mas lhe foram extraídas por um desconhecido. Estão relacionadas com outras que jazem mais ocultas e que ele considera mais importantes. O desgosto que experimenta não tarda em tornar-se desconfiança. (Tradução da autora a partir da versão em espanhol, pp. 280-281)*

A partir da reflexão de Canetti, podemos nos perguntar se, numa conversa em que a um é dado perguntar e ao outro responder, pode haver propriamente pesquisa no sentido da produção de um conhecimento novo, de uma construção intersubjetiva da qual nenhum dos parceiros teria controle de antemão, uma vez que já se sabe o que se quer encontrar. O outro é "irritado" até confirmar o que já se sabe, reforçando, assim, o poder de um, o inquiridor – que "quer encontrar e tocar realmente" –, sobre o outro. Canetti continua, mais adiante:

> *O efeito das perguntas é realçar o sentimento de poder do interrogador. Dá-lhe vontade de fazê-las mais e mais. Quem responde se submete tanto mais quanto*

> *mais cede às perguntas. A liberdade da pessoa reside em boa parte em defender-se das perguntas. A tirania mais exigente é a que permite fazer a pergunta mais exigente. É sensata uma resposta que põe fim às perguntas...*
>
> *Também em circunstâncias ordinárias, a resposta aprisiona o interrogado. Ele já não pode abandoná-la. A resposta obriga-o a situar-se em determinado lugar e permanecer nele, enquanto o interrogador pode apontar de qualquer ângulo. De certo modo, contorna o interrogado e escolhe a posição que mais lhe convém. Pode rondar em torno dele, surpreendê-lo ou confundi-lo. A mudança de posição confere-lhe uma espécie de liberdade que o interrogado não pode ter. "Quem é você?" "Sou fulano". Já foi privado da possibilidade de escapar por metamorfose* (ibid, *tradução da autora, pp. 281-282).*

E, mais adiante, Canetti, seguindo o método etnográfico de investigação dos mecanismos de poder em diferentes sociedades, confere uma ancestralidade à situação de perguntar e responder:

> *Interessaria saber se é concebível uma situação arcaica, que tenha existido antes da pergunta em forma de palavras, e fosse equivalente a esta. Esta situação arcaica efetivamente existiu. É o vacilante contato com a presa. Quem é você? Pode-se te comer? O animal, interminavelmente em busca de alimento, toca e cheira tudo o que encontra. Mete seu focinho em toda parte: pode-se te comer? Que gosto tens? A resposta é um odor, uma contrapressão, uma rigidez inerte. Mediante o cheirar e o tocar o animal familiariza-se com a presa ou, traduzido aos nossos costumes humanos, a nomeia. (Tradução da autora, pp. 282-283)*

A situação desigual entre o pesquisador e o pesquisado é fundante do campo no qual a entrevista se desenrola, de múltiplas formas: no que é dito e no que não pode ser dito, nos gestos e olhares, na forma de apresentação de cada um dos interlocutores, nas emoções e sensações mobilizadas. No livro *Operário, operária,* Arakcy Martins Rodrigues (1978), inspirada em Bourdieu, faz um relato dos "bastidores" de sua pesquisa com operários e operárias pobres da cidade de São Paulo, mostrando as dificuldades que encontrou na pesquisa e como, particularmente, detalhes que pareciam insignificantes e que são pouco descritos em boa parte das pesquisas em Psicologia Social, como a roupa do(a) pesquisador(a), o carro com que chega à casa de seu entrevistado, a linguagem que utiliza, determinam os rumos da conversa, muitas vezes de forma inconsciente, constituindo por si só o cenário da desigualdade a que os operários de longa data aprenderam a se submeter.

Por todas essas determinações que constituem o campo da relação intersubjetiva mobilizada na pesquisa, é difícil realizar entrevistas nas condições que sugere Gadamer (1960/1997) e das quais falam Gonçalves Filho (1998) e Bosi (1973/1987). Mas, como também dissemos, é com nossa humanidade, porque partilhamos destinos comuns, que é possível deixar surgir e levar em consideração o que o outro tem a dizer. Nas palavras de Merleau-Ponty (1960/1980): "Método singular: trata-se de aprender a ver o que é nosso como se fôssemos estrangeiros, e como se fosse nosso o que é estrangeiro" (p. 200). Pode parecer simples, mas não é. É um diálogo entre alteridades que envolve o reconhecimento de distâncias e proximidades. Os pesquisadores, muitas vezes premidos por dar conta de um roteiro de perguntas ou por algum conhecimento *a priori*, perdem as respostas, mal as escutam, muito menos refletem sobre elas para, a partir do que é dito, formular novas questões ou novos pontos de vista para a continuidade da conversa, para construir com o entrevistado um conhecimento novo, que emerja do campo relacional criado pelo encontro. A entrevista, ao contrário, pode tornar-se quase um procedimento burocrático. Para reforçar o que estou dizendo, cito ainda Bourdieu, num item de seu capítulo "Compreender", de *A miséria do mundo*, que tem o sugestivo nome de "A imposição". Lá ele diz:

> *Algumas vezes é surpreendente que os pesquisados possam ter tanta boa vontade e complacência para responder a perguntas tão absurdas, arbitrárias ou deslocadas como tantas daquelas que lhes são frequentemente "administradas"... Isso posto, é suficiente ter feito uma única entrevista para saber a que ponto é difícil concentrar continuamente sua atenção no que está sendo dito (e não somente nas palavras) e antecipar as perguntas capazes de se inscreverem "naturalmente" na continuidade da conversação, seguindo uma espécie de "linha" teórica. Isso quer dizer que ninguém está livre do efeito de imposição que as perguntas ingenuamente egocêntricas, ou simplesmente desatentas, podem exercer e, sobretudo, livre do efeito contrário que as respostas assim extorquidas correm o risco de produzir no analista, sempre disposto a levar a sério, na sua interpretação, um artefato que ele mesmo produziu sem o saber. (p. 696)*

Bourdieu (1993/1999) propõe que essa não seja uma reflexão solitária do pesquisador, mas que as diferenças entre os capitais culturais e linguísticos, entre outros que determinam os limites e possibilidades do campo criado pela situação de entrevista, sejam incluídas como matéria da conversa, debruçando-se assim a pesquisa sobre si mesma, em busca da explicitação das determinações que lhe dão sentido. Bourdieu faz da distância um desafio a ser superado, e da superação deste o melhor sinal da produção de um conhecimento novo. De outro modo, como puro exercício de poder, o(a) entrevistador(a) obterá as respostas que o(a) entrevistado(a) supõe que ele(a) deseja – aquelas, segundo Bourdieu, produzidas pelo seu próprio artefato de extorsão.

Bourdieu ressalta ainda que, no diálogo entre pesquisador(a) e pesquisado(a), é necessário que se estabeleça uma espécie de relação triangular – não dual –, através da qual possam comunicar-se não apenas os sujeitos implicados, mas o conhecimento de cada um deles sobre as determinações do campo sócio-histórico e cultural no qual o diálogo se faz. Trata-se de uma postura que

> *associa a disponibilidade total em relação à pessoa interrogada, a submissão à singularidade de sua história particular, que pode conduzir, por uma espécie de mimetismo mais ou menos controlado, a adotar sua linguagem e a entrar em seus pontos de vista, em seus sentimentos, em seus pensamentos, com a construção metódica, forte, do conhecimento das condições objetivas, comuns a toda uma categoria. (p. 695)*

Assim, nem fusão afetiva entre pesquisador(a) e pesquisado(a), que anularia em indiferenciação os diversos capitais de que são ambos portadores (capitais sociais, simbólicos, linguísticos), nem fusão entre pesquisador(a) e conhecimento teórico, que impediria a abertura para ouvir o que um(a) pesquisado(a) singular, a partir de uma história de vida singular e de sua singular forma de estar no mundo, tem a dizer. A reflexão contínua, no decorrer do próprio processo da entrevista, nunca deve perder de vista estes termos em relação: a realidade do(a) pesquisador(a) e do(a) pesquisado(a), que trazem para o diálogo um conjunto de saberes específicos que não devem dissolver-se no contato que estabelecem, mas serem nutridos por ele. Nesse sentido, seria possível arriscar dizer que a boa situação de pesquisa assenta-se sobre uma estrutura triangular edípica: não se fundir, seja na vivência com o(a) entrevistado(a) ou com os conhecimentos teóricos, é manter um permanente diálogo interno do qual pesquisador(a), pesquisado(a) e teoria – o conhecimento das condições objetivas, no dizer de Bourdieu – fazem parte, sem que qualquer um dos termos anule o outro. Parte disso é a prática, que se encontra na edição das entrevistas por Bourdieu e seus colaboradores, de situá-las e situar cada entrevistado(a) em seu contexto social, cultural e histórico, a fim de evitar o que ele chamou de "desvios de sentido" produzidos pela leitura. Porque o(a) leitor(a) também corre o risco de esquecer-se das determinações a partir das quais cada entrevistado(a) diz o que diz e, nesse esquecimento, interpretar as falas a partir de seus próprios contextos de leitura.

Penso que é nesse mesmo sentido que Ricoeur (1986) retoma a dicotomia estabelecida por Dilthey entre explicar e compreender, para perguntar-se se não há uma continuidade entre as ciências naturais e as ciências humanas, ou se há entre elas um corte epistemológico intransponível. E ele conclui que *explicar* e *compreender* não são métodos excludentes para conhecer as produções humanas, mas momentos relativos de um processo complexo que se pode chamar de *interpretação*. A explicação informa a compreensão, ao indicar os determinantes objetivos que se expressam nos signos que se oferecem à compreensão. Ricoeur utiliza a noção de *círculo hermenêutico* para integrar dialeticamente o *explicar* e o *compreender*. De um lado, faz-se necessário relacionar as ações e falas humanas à realidade objetiva das condições de sua produção. A realidade, que é sempre histórica, oferece a moldura dentro de cujos limites as manifestações humanas se tornam possíveis – e, nesse sentido, as explica. Mas isso não é suficiente para uma boa interpretação. Junto à pesquisa das determinações, e em diálogo com elas, é preciso fazer o exercício do traslado a uma vivência psíquica que nos é alheia, colocando-nos no mundo junto ao que está para ser compreendido. Bourdieu diz que é preciso que façamos o esforço de colocar-nos no lugar do outro até o ponto em que possamos imaginar que, se fôssemos ele (ou ela), faríamos ou diríamos o mesmo. O fenômeno humano se situa entre uma causalidade que reclama ser explicada e uma motivação que pede para ser compreendida. Esses dois exercícios, o da explicação e o da compreensão, exigem rigor e sensibilidade, uma escuta informada cuja construção é o desafio contínuo do(a) pesquisador(a).

Referências

Adorno, T. W. (1986). Acerca de la relación entre sociología y psicología. In *Teoria critica del sujeito* (p. 41). Siglo XXI. (Trabalho original publicado em 1950).

Bosi, E. (1987). *Memória e sociedade: Lembranças de velhos.* T. A. Queiroz. (Trabalho original publicado em 1973).

Bourdieu, P. (1999). *A miséria do mundo.* Vozes. (Trabalho original publicado em 1993).

Canetti, E. (1981). *Masa y poder.* Muchnik Editores. (Trabalho original publicado em 1960).

Frosh, S., & Baraitser, L. (2008). Psychoanalysis and psychosocial studies. *Psychoanalysis, Culture and Society, 13*, 346-365.

Gadamer, H.-G. (1997). *Verdade e método: Traços fundamentais de uma hermenêutica filosófica.* 3. ed. Vozes. (Trabalho original publicado em 1960).

Gonçalves Filho, J. M. (1998). Humilhação social – Um problema político em Psicologia. *Revista Psicologia USP*, *9*(2), 11-67.

Merleau-Ponty, M. (1980). De Mauss a Claude Lévi-Strauss. In *Os Pensadores* (textos escolhidos. Seleção de textos de Marilena de Souza Chaui). Abril Cultural. (Trabalho original publicado em 1960).

Ricoeur, P. (1986). *Del texto a la acción. Ensayos de hermenêutica II.* Fondo de Cultura Economica.

Rodrigues, A. M. (1978). *Operário, operária: Estudo exploratório sobre o operariado industrial da Grande São Paulo.* Símbolo.

3. Entre o outro e o mesmo: sobre ética e violência nas relações[1]

Embora o sentido dos termos "outro" e "mesmo" pareça claro na linguagem cotidiana e marque uma oposição definida entre eles – o outro é o que não é o mesmo, que não é idêntico, que é diferente, que está separado e tem características próprias –, e embora seja assim que, no "mundo das aparências", possamos nos referir aos outros que não nós, diversos autores no campo das Ciências Humanas, com especial ênfase a partir da segunda metade do século XX, colocaram em questão o estatuto do outro e do mesmo nas relações humanas, mostrando que o que aparece como oposição clara e definida contém complexas contradições, que borram os limites entre os dois termos. Essa problematização incide na análise das relações intersubjetivas, intergrupais, interculturais e internacionais – em todo *inter* entre os humanos –, e não é à toa que se tornou uma questão central para o século XX, permanecendo ainda com força neste século: as guerras, os conflitos étnico-raciais

1 Trabalho originalmente apresentado no seminário *Sexualidades, Juventudes e Violência*, realizado no Instituto de Psicologia da USP (2011), e publicado na *Revista Psicologia Política*, *13*(26), 2013.

e até os mal-entendidos mais cotidianos nos quais nos vemos envolvidos singularmente e que eclodem com todo o seu potencial de destrutividade têm um núcleo central de irradiação feito de intolerância e ódio, que pode se manifestar como relacionado ao que se afirma como outro e resiste à redução ao mesmo. As diferentes ondas imperialistas que assolam o mundo nos dias de hoje trazem consigo a bandeira de uma hegemonia econômica, cultural e ideológica que faz força para engolfar no mesmo, para si mesmo, os outros que encontra a caminho da dominação. Há promessas de aproximação nas redes globais de comunicação, mas também o risco da redução do diferente ao idêntico. Fronteiras e muros antes soberanos são agora atravessados por estranhos que se tornam vizinhos, mas que também tornam mais imediata a ameaça do outro. Por tudo isso, o tema da alteridade veio para o primeiro plano do debate no campo das Ciências Humanas.

Central a esse debate é o tema do reconhecimento do outro. O que significa "reconhecer o outro"? Como conhecer, particularizar ou estabelecer uma relação com um outro que, em seu impacto no sujeito, pode ser perturbador? A Psicanálise traz contribuições importantes na tentativa de responder a essas questões, porque a relação com o outro habita o núcleo central da teoria e da técnica psicanalítica desde o seu início, com Freud. Talvez se possa mesmo dizer que a Psicanálise é uma narrativa, ou um conjunto de narrativas, sobre a ontologia da alteridade, isto é, sobre os processos de constituição de si e do outro. Em 1905, refletindo sobre a análise da jovem Dora, que interrompera abruptamente o tratamento, Freud (1905/1976) descobriu e definiu a *transferência*, que a partir de então se torna a ferramenta nuclear do trabalho psicanalítico:

> *Que são as transferências? [ele se pergunta]. São as novas edições, ou* fac-símiles, *dos impulsos e fantasias que são criados e se tornam conscientes durante*

> *o andamento da análise; possuem, entretanto, esta particularidade, que é característica de sua espécie: substituem uma figura anterior pela figura do médico. Em outras palavras: é renovada toda uma série de experiências psicológicas, não como pertencentes ao passado, mas aplicadas à pessoa do médico no momento presente. (p. 111)*

Freud atribui a interrupção do tratamento à modalidade singular de transferência estabelecida entre Dora e ele, porque Dora, de forma inconsciente, reviveu com ele fantasias sexuais ameaçadoras, cuja origem estaria em seus desejos infantis direcionados ao pai. Em aspectos importantes de sua experiência atual, para Dora, Freud e o pai são o mesmo, suscitam os mesmos desejos, as mesmas fantasias e a mesma ameaça. Por isso, por não poder ver seu médico como um outro recém-conhecido, como alguém de fora de seu núcleo edípico com quem poderia examinar seus temores, ela precisa sair correndo da análise.

Freud dirá no mesmo texto que, se de um lado a transferência é resistência ao tratamento, na medida em que, como repetição do mesmo, impede que a experiência infantil possa ser relembrada como memória e não revivida como acontecimento atual, ela é também a via de transmissão da memória entre paciente e analista, isto é, daquilo que, não podendo ser conscientemente lembrado, é repetido no aqui-e-agora com o(a) analista e só assim pode se dar a conhecer. Nesse processo de conhecimento, quando o que é transferido pode ser simbolizado como lembrança, o outro pode simultaneamente vir a emergir como diferente e atual – nesse caso como o médico que, diferentemente do pai, poderia eventualmente ajudá-la agora a lembrar para superar, para poder viver novas relações, com outros que não são o mesmo que o pai. Infelizmente, os temores de Dora impediram-na de ter o tempo necessário para atravessar a repetição do mesmo e sua transformação em lembrança, em registro consciente de si e de sua história, abrindo assim talvez espaço para o reconhecimento de outros diferentes e separados dela.

Mas há mais aí do que apenas dizer que Dora reduz o outro ao mesmo. Porque Dora é feita de outros. Sua subjetividade foi formada na relação com os outros e, dentre esses outros, como figura central, o pai. O pai que reaparece na cena com Freud é um outro que agora a habita, com quem ela tem que se haver, e um modo de se haver com ele é reviver na relação com um outro, no caso, Freud, a mesma dinâmica de desejos e ansiedades outrora vividos com ele, e que foram incorporados como parte de sua vida psíquica. Freud (1921/1976) diz, em *Psicologia das massas e análise do ego*, que cada um de nós é feito de identificações com pessoas, partes ou aspectos de pessoas que, tal como vividas em nossas experiências com elas, nos habitam. Cada um é um condensado de identificações, um palimpsesto de outros. Laplanche (1999) dirá, mais tarde, que a mãe transmite ao bebê uma mensagem enigmática, que o interrompe antes mesmo de qualquer possibilidade de continuidade. O psiquismo do bebê ronda essa mensagem, tem que se haver com esse enigma que é um outro desconhecido em seu interior. A mensagem enigmática da mãe é o outro que habita e faz o bebê trabalhar. Desde o início, somos invadidos e habitados por algo de fora que desafia a integração, a continuidade, a inteireza e a individualidade. Essa é a alteridade radical que a Psicanálise inaugura no interior de cada sujeito e que Freud chamou de inconsciente. Somos um outro para nós mesmos, e a Psicanálise vai se debruçar sobre as vicissitudes da relação entre cada um(a) e o outro, ou os outros, que nos habitam. Isso quer dizer que, a partir da Psicanálise, e quase na direção contrária aos processos imperialistas e hegemônicos que as políticas mais amplas foram suscitando desde meados do século XIX até os dias de hoje, na compreensão mais elaborada sobre a subjetividade dos seres humanos, cada um(a) de nós foi colonizado(a) por uma multidão de outros.

Vivemos a alteridade de que somos feitos não apenas em sonhos, devaneios ou na nossa imaginação, mas nas relações que estabelecemos com os outros externos a nós. O mundo interno (re)atualiza-se no mundo externo, infiltrando-se e colorindo emocionalmente tudo o que vivemos. Os tempos de nossa história se superpõem; o passado pode recobrir o presente e reatualizar-se sem fim, ao mesmo tempo que as relações atuais impactam a subjetividade, mobilizando nossa história em novos desdobramentos. Para utilizar o termo cunhado por Freud, estamos sempre imersos em transferências: de um lado, resistimos à atualidade e à novidade do aqui-e-agora, tendendo a reduzir a experiência mais a um reconhecimento do que a um conhecimento novo; e, enquanto objetos do conhecimento do outro, resistimos, na tentativa de afirmar a nossa diferença em relação ao que se pretende ver em nós.

Winnicott (1971/1975) sugere que a mãe surge como outro para o bebê, separada e independente dele, quando ele se dá conta de que ela não é destruída por suas fantasias agressivas, que ela tem realidade própria e independe dos sentimentos e fantasias dele para sobreviver. Este é, para Winnicott, o fundamento da constituição do outro e, simultaneamente, da percepção de si, na medida em que provê ao bebê limites para as suas fantasias onipotentes de destruição. Isso quer dizer que, se o bebê tiver a sorte de ser cuidado por uma mãe que sobreviva a seus ataques, reais e/ou fantasiados, maior será a sua abertura para o reconhecimento dos outros concretos em torno dos quais vive e menor será a sua resistência para a aceitação do novo e de sua transformação com os outros. Ainda estabelecerá transferências, isto é, viverá entre tempos históricos superpostos, mas não apenas (re)conhecendo sempre o mesmo, porque mais disponível, a partir do reconhecimento do outro como ser independente e separado, a um conhecimento que é sempre uma transformação.

Melanie Klein (1946/1991) mostrou que na vida psíquica há uma contínua oscilação entre poder ver o outro como independente, dotado de realidade própria e separada, e vê-lo como extensão, como reapresentação, na realidade externa, de outros internos. Oscilamos entre percepções parciais e fragmentárias e percepções mais integradas e realistas do outro – oscilações estas que têm como fonte a experiência emocional vivida a cada momento, em nossas relações com os objetos internos e externos. Klein diz que desde o início da vida estamos em relação com o outro, e a experiência emocional que colore essa relação é desde sempre ambivalente, isto é, contém elementos de ligação, de vida – o que ela chamou de *amor* – e elementos de desligamento e de morte – o que ela chamou de *ódio*. Um trabalho psíquico permanente e difícil para todo ser humano é conviver com esses sentimentos ambivalentes na relação com o outro. Nossa tendência primeira, segundo Klein, é cindir essas experiências, fragmentá-las, constituindo outros parciais. Alguns nós idealizamos, acolhemos e reconhecemos como fazendo parte de nossas afinidades eletivas. De outros procuramos nos afastar, nos diferenciar e, às vezes, até eliminar de nossas vidas – tal como vizinhos incômodos e inimigos. Klein mostra que nossas cisões e projeções, nosso modo de ver o outro a partir de nossas vicissitudes emocionais, não o deixam incólume. Não se trata apenas de um modo de ver, tampouco de mera projeção atualizada, por assim dizer, sobre a superfície externa do outro. Nossas projeções incidem no outro no mesmo ponto de onde emergem de nós, isto é, na intimidade, se imiscuindo, se entrelaçando, invadindo e até destruindo a vida psíquica do outro. Os que desprezamos podem se tornar desprezíveis, os que empobrecemos podem ficar pobres, os que engrandecemos podem ficar engrandecidos, os que destituímos de humanidade podem perdê-la.

Essas formas de cisão dos afetos em diferentes pessoas fazem parte não apenas do domínio interpessoal, mas também são um dos componentes a agilizar a dinâmica entre grupos e culturas. Ampliando as concepções de Melanie Klein para o domínio sociopolítico e cultural maior, pode-se dizer que toda a constelação de relações, afetos, ansiedades e defesas contribui para a formatação da visão de mundo e de ser humano peculiar de todo interjogo ideológico em atividade. Quando o mundo se polariza, cindindo-se em seres amados e odiados, bons e maus, os outros devem gravitar nessa constelação na forma de seres idealizados ou desprezados e ameaçadores. Muitas das ideologias em atividade no interjogo social funcionam assim, promovendo distorção e violência, porque na cisão eliminamos de nossa percepção partes do outro e aderimos a uma visão parcial dele (ou dela). Isso não significa negar uma violência que é inerente à História e que se traduz em situações de opressão concretas de grande parte da humanidade, nem se trata de reduzir a História a uma psicologia. Mas a Psicanálise pode contribuir para o debate sobre a violência colocando em cena os aspectos agressivos que são inerentes ao ser humano.

Uma vez Freud afirmou que a Psicanálise trouxe uma ferida narcísica ao ser humano ao lembrá-lo de que ele não é senhor de si próprio. Talvez a ferida maior que a Psicanálise promove seja a de nos lembrar não apenas da nossa situação de incompletude e de sermos dotados de um estranhamento essencial, ou de sermos habitados por outros, mas também de nos apresentar como ambivalentes e dotados de uma atividade violenta que nos é inerente e demanda um trabalho psíquico gigantesco para contê-la e transformá-la em material para o nosso aperfeiçoamento pessoal e coletivo. Klein mostra também que, quando podemos integrar na experiência com o outro uma pluralidade maior de aspectos bons e maus pessoais, tolerando a ambivalência dos sentimentos suscitados, há a possibilidade de uma percepção mais integrada de nós mesmos e do outro. Para Klein, tornamo-nos mais reais e podemos ver o outro com uma realidade própria, independente de nós. Isso, no entanto, o torna mais desconhecido, uma vez que reconhecemos que tem uma mente própria que nos é inacessível. O outro não pode mais ser acomodado no nosso mundo psíquico, não pode ser apenas reconhecido. Reconhecemos que desconhecemos o outro, assim como desconhecemos a nós mesmos. Uma ética da intersubjetividade envolve o reconhecimento do desconhecido em nós e no outro, evitando assim a colonização do outro que sempre arriscamos realizar quando supomos conhecê-lo, enquanto, no mais das vezes, estamos reduzindo-o a nós mesmos.

Num artigo de 1974 que se tornou um clássico nas discussões sobre os limites da ciência para o conhecimento da experiência de outros seres vivos, "What is it like to be a bat?", Thomas Nagel sugere que, por mais que se possam desenvolver métodos científicos para o conhecimento do funcionamento do cérebro de seres humanos e animais, é impossível ter acesso à experiência do outro. Daí a pergunta do título de seu texto. A Neurociência pode explicar o funcionamento psicofísico do morcego, seu sofisticado uso de sonares etc., mas não podemos, enquanto seres humanos, ter a experiência do morcego. E, para Nagel, nem mesmo podemos ter a experiência do outro humano diferente de nós. Podemos, segundo ele, imaginá-la, mas dentro dos limites de quem somos e da experiência que nos é possível viver. Mas não só o acesso à consciência do outro nos é difícil e quem sabe até impossível. Até mesmo aspectos mais concretos do trabalho coletivo dessa consciência nos são de difícil acesso. A cultura do outro nos é de tão difícil acesso quanto a consciência do outro. Essa foi uma questão central para a etnografia no século XX: como conhecer culturas que não são as nossas, como compreender os significados que atribuem aos aspectos organizadores da vida social, sem tomar a nossa cultura como referencial? Os etnógrafos, com as ferramentas do

Estruturalismo, buscaram encontrar o mesmo no diverso, as regras e padrões que organizam a vida humana em suas diversas manifestações, mostrando que todos temos mais em comum do que imaginamos. Por isso, porque partilhamos uma humanidade comum e as questões essenciais de nosso existir, posso vir a compreender os modos de organização e os sentidos atribuídos pelo outro aos fatos fundamentais da vida, como a origem, o nascimento e a morte. Reconheço no outro uma forma de indagação e de resposta que é similar à minha. A humanidade que nos une permite o traslado entre experiências diversas. Diz Merleau-Ponty (1960/1980): "Método singular: trata-se de aprender a ver o que é nosso como se fôssemos estrangeiros, e como se fosse nosso o que é estrangeiro" (p. 200), como se o olhar do etnógrafo transitasse entre o reconhecimento e a estranheza, no difícil exercício de tornar outro o mesmo, e mesmo o outro. É um avanço, mas a questão não fica plenamente resolvida, porque não se trata apenas de encontrar o mesmo no outro, mas também de reconhecer o outro do outro, por assim dizer. Isso é o mais difícil, e é a tarefa que ficará para sempre além das nossas possibilidades.

Os bárbaros acontecimentos do século XX e do século XXI contribuíram para recolocar o debate em torno das questões da alteridade em uma nova chave de compreensão, movida, me parece, pela urgência ética diante da violência que faz parte do trânsito entre os seres humanos, quaisquer que sejam eles. A violência não é um privilégio, mas uma moeda comum que transita entre todos, tanto em sua face de perpetrador(a) quanto de vítima. Isso é difícil de aceitar. É mais fácil reconhecer a violência que sofremos do que a que realizamos.

Para o filósofo Emmanuel Lévinas (1991/1998), ele próprio sobrevivente de um campo de concentração nazista, o outro é, por definição, o que escapa ao nosso conhecimento. Lévinas materializa o outro do outro de que falávamos anteriormente na superfície mais manifesta dos humanos, o Rosto, isto é, a presença do outro. Sua metafísica é a do simples encontro. Sua metafísica não é a conclusão mais profunda das visões de mundo e de pessoa que formamos. Sua metafísica é o princípio de tudo. É o ponto inicial a partir do qual nos posicionamos para ver os seres humanos e o mundo. Diante do Rosto do outro, a demanda inicial é uma demanda ética, e a ética é a metafísica. Segundo essa ética, nós somos objeto do outro, ele é o sujeito e nos antecede. O outro do outro somos nós. Daqui emerge um laço que Lévinas chama de *responsabilidade*, uma responsabilidade difícil de realizar, uma vez que somos o estranho do estranho e, diante de tantas estranhezas, a única atitude possível é a de sermos responsáveis para podermos nos mobilizar nesse campo tão difícil, organizado pelas estranhezas, da forma menos violenta possível. A relação com o Rosto é a relação com o absolutamente fraco, com o que está absolutamente exposto, o que está nu e é despojado, diz Lévinas. E devemos entender que esse absolutamente fraco, absolutamente exposto, nu e despojado não é nada mais nada menos do que cada um de nós diante do outro. O Rosto é infinito, isto é, está sempre para além de nós. E nosso conhecimento tende a buscar decifrar o Rosto, encerrá-lo na totalidade do que sabemos. O mandamento que esse Rosto nos faz é "Não matarás", isto é, não reduza minha essência infinita à totalidade do teu conhecimento. Não me coisifique. Não me dê por conhecido. Nessa chave, não apenas somos habitados por outros, como a Psicanálise nos levou a reconhecer, como habitamos, por assim dizer, na habitação do outro. Nossa casa é o Rosto do outro, nosso Rosto é a casa do outro. Não se trata apenas de que nossa subjetividade é uma reunião de outros, mas é no outro que nossa materialidade radica. Essa é uma verdade antiga: "Diz-me com quem andas que eu te direi quem és". O que quer dizer "andar" aqui? Sugiro que *andar* quer dizer se relacionar, conhecer, se implicar com o outro. Diz-me como você se relaciona com o outro que eu te direi quem és. Melanie Klein mostra quão ambivalente é esse nosso relacionamento com o outro e quão sujeitos estamos a andar apenas conosco mesmos, em detrimento dos demais. Lévinas também põe em evidência a dificuldade de andarmos com os outros. Difícil não é dizer sobre o outro, difícil é andar com o outro.

Referências

Freud, S. (1976). Um caso de histeria, três ensaios sobre sexualidade e outros trabalhos. In *Edição standard das obras psicológicas completas de Sigmund Freud* (Vol. VIII). Imago. (Trabalho original publicado em 1905).

Freud, S. (1976). Psicologia das massas e análise do eu. In *Edição standard das obras psicológicas completas de Sigmund Freud* (Vol. XVIII). Imago. (Trabalho original publicado em 1921).

Klein, M. (1991). Notas sobre alguns mecanismos esquizoides. In *Inveja e gratidão e outros trabalhos.* Imago. (Trabalho original publicado em 1946).

Laplanche, J. (1999). *Essays on otherness.* Routledge.

Lévinas, E. (1998). *Entre nous: On thinking of the other.* Athlone. (Trabalho original publicado em 1991).

Merleau-Ponty, M. (1980). De Mauss a Claude Lévi-Strauss. In *Os Pensadores* (textos escolhidos. Seleção de textos de Marilena de Souza Chaui). Abril Cultural. (Trabalho original publicado em 1960).

Nagel, T. (1974). What is it like to be a bat? *The Philosophical Review, 83*(4).

Winnicott (1975). *O brincar e a realidade.* Imago. (Trabalho original publicado em 1971).

4. Algumas letras sobre família, lentilhas e aftas[1]

Lembro do prato servido no almoço, na casa de meus avós maternos, no dia em que meus pais se separaram. Eram lentilhas que, embora não tivessem perdido seu aspecto de grãos separados, com contornos definidos, compunham no conjunto do prato, em cima do arroz, uma massa cinzenta de difícil digestão. Durante muito tempo eu fiquei sem vontade de comer lentilhas. Na época, eu tinha 6 anos e, depois do almoço, minha mãe ocupou-se de preparar minha irmã e eu para a escola. Subi o primeiro lance da grande escadaria que me levava à classe lidando em silêncio com o impacto do que, para mim, era um triste acontecimento em nossa família, mas a ordem materna parecia ser a de que a vida seguiria seu curso normal – almoço, escola –, sem que algo fosse dito. Ela não sentou comigo e com minha irmã para falar de sua decisão (talvez no fundo não soubesse como), tampouco a comunicou a meu pai. Pela

---

1 Texto publicado em Volich, R. M., Ferraz, F. C., & Ranña, W. (Org.). (2008). *Psicossoma IV: corpo, história, pensamento*. Casa do Psicólogo. Posteriormente, uma versão modificada foi aceita para publicação na revista *Psychoanalysis, culture and society, 16*, 132-141, 2011.

manhã, fugiu conosco da casa em que vivíamos, logo após ele sair para o trabalho. Na fuga, eu parei na soleira da porta, expressando no último momento a minha hesitação entre ir com ela e ficar com ele. Recordo que minha mãe, vendo-me ali parada, perguntou se eu queria ir ou ficar. Acho que a pergunta soou-me *pro forma*, porque eu avaliava – acho que com alguma razão – que não poderia ficar longe dos cuidados dela. Algum tempo depois, morando na casa de meus avós, minha boca encheu-se de aftas por alguns dias; doía-me qualquer coisa que eu pusesse na boca.

Essas lembranças da infância – as lentilhas talvez como *antimadeleines* proustianas, e as aftas – contêm, a meu ver, alguns ingredientes centrais do que desejo tratar aqui na tentativa de articular conhecimentos advindos do campo de estudos da Psicossomática, particularmente aqueles desenvolvidos a partir da Psicanálise, com os estudos psicanalíticos e sistêmicos sobre famílias. O desejo de tratar dessas coisas aqui, articulando vida pessoal, psicanálise e estudos de família, ainda é parte da digestão, um lento processo que toma uma vida, da qual faz parte realizar este texto, transformando lentilhas em letras, no empenho de interromper o curto-circuito no qual o que não pode ser dito irrompe no corpo, na materialidade incômoda das aftas.

O acontecimento familiar – a separação de meus pais – desenrolou-se como um drama que transformou o destino das relações familiares no plano intersubjetivo, que diz respeito à dinâmica das interações entre os envolvidos (pais, filhas e avós), compondo naquele momento uma massa cinzenta de fatos materiais e imateriais de difícil discriminação. Afinal, na separação, lugares e funções ficam em suspenso, e os membros da família podem perder os contornos pessoais definidos anteriormente, alocados agora para preencher o lugar daquele que está distante ou para desempenhar outras funções, em novos lugares. A quem se destinam agora as funções do pai; quem é o casal; quem cuida de quem?

Muda a geografia da habitação e, com ela, as formas e os tipos de deslocamento, os lugares para dormir e comer, para guardar as coisas, os espaços individuais e coletivos, a serem consciente e inconscientemente distribuídos. Além disso, as próprias concepções que foram construídas no decorrer do tempo e as leituras sobre cada um dos membros são confrontadas violentamente por um fato da realidade que coloca em questão, estremecendo, todo esse amálgama de concepções.

Creio que, em minha mente – no que podemos chamar de *plano intrassubjetivo* –, não estaria longe do que lembro que me habitava se dissesse que lá havia também uma massa cinzenta de sentimentos de difícil digestão. Hoje penso que, para lidar com isso, eu dependia de palavras que talvez, sozinha, não pudesse pensar, e no grupo familiar não se criou espaço para poder dizê-las. Joyce McDougall (1996) afirma ter encontrado, na anamnese de pacientes psicossomáticos, "um discurso familiar que preconiza um ideal de inafetividade e condena qualquer experiência imaginativa". Robert Young, em seu texto *Mental space and group relations* (1995), se debruça sobre as condições psíquicas do grupo, qualquer que seja ele, que permitem ou inibem o desenvolvimento de um espaço mental para fantasiar, imaginar, pensar e criar. Apoiado nas concepções kleinianas sobre o funcionamento mental, ele propõe que uma das principais funções dos grupos é proteger seus membros de ansiedades sentidas como aniquiladoras para a vida mental de cada um deles. Particularmente em situações ameaçadoras – como era, seguramente, o caso do que estou contando aqui –, o grupo organiza-se inconscientemente no sentido de proteger seus membros do contato com a ansiedade e a dor mental. Constituem-se arranjos grupais defensivos que envolvem a distribuição, entre os membros do grupo, de lugares e funções psíquicas bem determinados, que tendem a se cristalizar ao longo do tempo, justamente porque colocá-los em questão é proibido, dada a ameaça que isso representa para o grupo. Não só a separação de meus pais já era uma forma de separar o bem do mal, evitando o trato com a complexidade dos conflitos que então faziam parte da vida em família, como o próprio silenciamento e o mandato de que tudo continuasse a seguir a rotina normal faziam parte do arranjo defensivo em minha família. Evidente que se, de um lado, esse arranjo visava evitar o contato de todos com a dor, de outro impedia que toda a vida mental em torno do ocorrido – as fantasias, as dúvidas, as ansiedades, mas também as possibilidades de pensar e crescer com a experiência – pudesse desdobrar-se. Um resultado importante foi que, ao longo da vida, cada um de nós teve que buscar espaços fora da família para poder falar e pensar a história familiar com maior liberdade. No meu caso, as relações familiares e pessoais que vim a constituir, as análises que fiz e o interesse apaixonado pelo campo da Psicanálise, particularmente dos estudos de família, constituem ainda hoje espaços de elaboração que seguem seu curso.

Sigamos então pelas reflexões que consigo fazer hoje a respeito do acontecimento em minha família. Tendo como referência a leitura de Puget e Berenstein (1993), estou aqui propondo que esse acontecimento – a separação de meus pais e seus desdobramentos – seja compreendido a partir de três dimensões diferentes e articuladas entre si: a *dimensão intrassubjetiva*, que diz respeito às relações do próprio ego com os objetos internos e destes entre si, no mundo interno de cada um. O palco pode ser uma boa metáfora para que visualizemos esse mundo interno no qual objetos e ego estão continuamente interagindo. A cada momento, diferentes cenas são iluminadas e vêm ao primeiro plano, enquanto outras permanecem na penumbra, e dali continuam a organizar a cena toda. A Psicanálise, desde seu início com Freud, procurou descrever as origens e vicissitudes dessas relações, dos dramas que se desenrolam na mente – e/ou no corpo – de cada um de nós, porque, afinal de contas, nossa psique é corpo, tanto quanto nosso corpo é psique. Digerimos com nossa mente da mesma forma que pensamos com o coração, tal como nos mostra a linguagem, que é a ferramenta central com que nos construímos e construímos o mundo, entrelaçando em metáforas corpo e mente. No meu caso, o drama familiar e pessoal, convertido em massa cinzenta, não encontrou na ocasião representações mentais suficientes, metáforas para sua digestão, e desconfio que explodiu dentro da boca, ainda como uma metáfora, mas materializada somaticamente, antes de poder ser enunciada. Foi lá, no concreto da boca, que eu senti a dor. Interessante que, embora aftas sejam irrupções que vêm do interior do corpo, elas também impediam que eu pusesse para dentro o que vinha de fora. Talvez recusasse assim a comida da casa dos meus avós, desgostosa com tudo ali. O prato de lentilhas, agora convertido em lembrança, funcionou como representação material, concreta, do meu estado emocional naqueles dias. Penso também que aftas são formas malsucedidas de fragmentar a ferida em múltiplas pequenas lesões e a dor, em dores menores, mais suportáveis. Fora que aftas contribuem ainda mais para o silenciamento, porque, concretamente, com elas falar dói. Como Freud propõe, aqui também a afta, enquanto sintoma, cumpria duas funções: de um lado, inscrevia meu corpo e minha mente no interior dessa lei, cujo imperativo demandava silêncio; de outro, expunha para todos da família que eu estava machucada e ferida. Dá pra ver que parte importante de minha vida intrapsíquica passava-se então na boca.

Na *dimensão intersubjetiva*, a massa cinzenta de lentilhas bem poderia ser a expressão, como já sugeri, da desorganização e do rearranjo familiar que a separação de meus pais implicava. Um passado sem muitas perspectivas, no interior do grupo familiar, de ser elaborado, e um futuro ainda pouco nítido. Éramos ainda, nesse longo momento inicial, um amontoado de gente e coisas por reencontrar seu lugar. Se, em meu interior, não pude encontrar as formas de representar mentalmente a dor que eclodiu na boca, nos vínculos familiares predominava o mandato do silêncio, do não falar sobre o ocorrido. Assim, poderíamos negar o acontecido e continuar vivendo, não fosse a vida material, que a cada momento mostrava que tudo havia mudado. Mas era no plano material, na vida concreta, que as arrumações eram feitas para caber tudo na casa de meus avós.

Salvador Minuchin (1967), em seu livro *Families of the slums*, trata de famílias que se caracterizam por formas de relação nas quais predomina o que ele chama de *vida operatória*. Com isso ele quer dizer que, no lugar do pensamento e do diálogo, dá-se a ação, a operação concreta sobre o outro e sobre as coisas. Os sentimentos se expressam em ações físicas, concretas, e as comunicações se fazem por vias outras que não a palavra. Muitas vezes pelo corpo, pelos gestos, caras e bocas – mais pela forma do que é dito, pelas intensidades e melodias sonoras, do que por aquilo que as palavras podem articular e comunicar em seu conteúdo. Haveria nessas famílias uma espécie de insuficiência de linguagem verbal que permita o pensamento – seja pessoal, seja grupal –, uma espécie de cristalização performática gestual de cada membro. É interessante observar que não se trata de uma deficiência cognitiva ou intelectual. Não no meu caso: minha família materna valorizava muito a vida intelectual, as leituras, os estudos. Minha mãe tem um monte de diplomas! Com isso, quero também assinalar um aspecto importante da pesquisa de Minuchin, que realizou o trabalho relatado nesse livro com famílias negras e porto-riquenhas dos bairros pobres de Nova Iorque, famílias com filhos adolescentes que cometeram atos que o autor chama de *delinquenciais*. O autor opera com a hipótese de que o ato delinquente teria sua origem numa forma de comunicação aprendida em família, na qual o ato toma o lugar da palavra, o gesto toma o lugar do pensamento. Sua pesquisa pode sugerir, numa leitura menos atenta, que a deficiência linguística seja um problema sociocultural. Mas é preciso fazer justiça ao trabalho dizendo que ele comparou essas famílias com outras, de mesmo estrato social, sem filhos infratores, supondo, portanto, que as dificuldades de comunicação não podem ser explicadas a partir de questões de classe social. Penso, tal como Robert Young (1995) propõe para os grupos em geral e o exemplo de minha família bem o demonstra, que as dificuldades de comunicação parecem estar associadas às profundas angústias que o contato com o sofrimento mental mobiliza. Pensar e falar sobre o ocorrido significava não só entrar em contato com a dor, mas também pôr em questão um arranjo psíquico pessoal e familiar que não deveria ser discutido. Havia mitos cristalizados sobre a maldade do meu pai e a bondade da minha mãe, das filhas e dos pais dela.[2] Nessas situações, é muito comum que as palavras e os gestos, mais do que comunicar conteúdos e ajudar a pensar, visem principalmente fazer alguma coisa com o outro, concretamente. Estamos no campo de interações onde grassa o que Melanie Klein chamou de *identificação projetiva*, uma forma de comunicação que busca inconscientemente e de forma concreta colocar dentro do outro experiências emocionais sentidas como insuportáveis. Os estudos de grupos, incluindo aqui as famílias, dentro do campo psicanalítico – particularmente o kleiniano –, mostraram como as relações intersubjetivas estão continuamente se dando através dessas identificações. A separação de meus pais era a colocação de um mecanismo identificatório desse tipo em operação: deixando o meu pai longe do restante da família, creio que minha mãe esperava livrar-se de algo ruim e ficar com o bom: ela, eu e minha irmã – as boas. Ao chegar à casa dos meus avós, a operação já mostra seu furo: a comida, digamos, não é tão boa assim, e o sinal de que, na

2 Não vou entrar aqui na discussão sobre o conceito de *mito familiar*, mas, para quem tiver interesse em aprofundar-se nesse instigante tema, sugiro a leitura do artigo seminal de Antonio Ferreira (1960/1974), "Mitos familiares".

separação, também perdemos algo de bom – que havia dor pela perda – não vem nas palavras ou conversas, mas explode na minha boca de criança.

Mas quero prosseguir aqui com as três dimensões que Puget e Berenstein propõem para examinar o fenômeno psíquico. Além de pensá-lo nas dimensões intrapsíquica (ou intrassubjetiva, tanto faz) e interpsíquica (ou intersubjetiva), das quais procurei dar algumas pinceladas mostrando como o acontecimento da separação foi vivido por mim e no conjunto das relações em minha família, toda a experiência vivida ganha nova luz que a expande se considerarmos sua *dimensão transpsíquica* (ou *transubjetiva*), que diz respeito às relações entre os sujeitos e o universo sociocultural em que habitam. Nessa dimensão, creio ser importante lembrar o significado que tinha para a minha família – uma família judia de classe média em meados dos anos 1960, na cidade de São Paulo – a separação de meus pais. Ter pais separados não era comum entre meus colegas de classe, nem era comum na minha própria família ampliada. Houve muitas mobilizações de parentes e amigos para que minha mãe voltasse atrás, e eu me lembro que quase todo sábado à tarde alguém vinha em casa para convencê-la a mudar de ideia. Aquele era, para mim, mais um forte motivo para o silêncio: eu passei a infância com vergonha de contar aos outros que meus pais eram separados, e o fato rondava minha cabeça como presença forte, sem poder ser compartilhado.[3]

3 Sobre a psicopatologia da vergonha, sugiro a leitura dos trabalhos de Pierre Benghozi, que mostra como a vergonha impede que se fale em família sobre acontecimentos traumáticos, especialmente, no caso desse autor, aqueles que se dão durante catástrofes humanitárias que envolvem situações de extrema violência e humilhação; veja, por exemplo, "Traumatismos precoces da criança e transmissão genealógica em situação de crises e catástrofes humanitárias", em Correa (2000).

Creio que todas essas dimensões do fato – a intra, a inter e a transubjetiva – participaram em sua configuração como trauma psíquico, definido como acontecimento que impacta a psique, excedendo suas possibilidades de acolhimento, continência, digestão e elaboração. É um princípio básico da Psicossomática de P. Marty, por exemplo, afirmar que irrompe no corpo aquilo que excede a capacidade de tratar psiquicamente. O que quer dizer "excede a capacidade psíquica"? Não se trata meramente de um limite mecânico interno, pessoal, mas de uma situação em que o jogo de forças emocionais que pressionam o sujeito constrange sua capacidade de elaboração e predispõe à conversão somática. Parece que assim se deu comigo. Quero voltar a enfatizar que o sintoma psicossomático, embora físico – ele se dá no concreto do corpo –, guarda características de sintoma psíquico, é expressão da dor mental e, no meu entender, deve ser compreendido como tal: ele é também uma forma de comunicação e conta sobre o modo de funcionar psíquico do sujeito que o produziu. Mais do que isso: também estou procurando mostrar como, nos bastidores do sintoma psicossomático, como pano de fundo de seu desenrolar, estão as formas de interação e comunicação no interior da família, nesse caso a vida lidada no plano operatório, concreto, e o silêncio, a boca fechada de todos sobre os dissabores que aquela situação produzia. Quero com isso dizer que o sintoma psicossomático é uma forma de linguagem cujo sentido se deve buscar. Porque, na vida humana, nunca uma afta é só uma afta. Apesar de soar um tanto redutor e esquemático, valorizo nos trabalhos de psicanalistas pioneiros no campo de pesquisas com pacientes psicossomáticos esse esforço de atribuição de significados psíquicos às diferentes patologias psicossomáticas. Assim, por exemplo, French e Alexander (em Garma, 1978) dizem, a respeito do ataque de asma, que este "tem o significado de um grito angustiado para a mãe inibido na garganta e que, como substituição, provoca uma excitação na musculatura inferior do conduto respiratório". Não é outra coisa que aprendemos com Melanie Klein, que conseguiu pôr em movimento uma linguagem capaz de dar conta e mobilizar nosso modo de funcionar psíquico utilizando-se da metáfora corporal do seio para pôr em evidência nossas primeiras relações objetais. E aqui *seio* é tanto corpo humano concreto quanto espaço de continência necessário para a formação de qualidades psíquicas. Ou seja, é específico da teoria psicanalítica lidar com essa integração corpo-psique de um modo em que a materialidade do corpo evoca a dinâmica psíquica, bem como a agilização da dinâmica psíquica mobiliza o corpo. Do mesmo modo como, no campo psicanalítico, a configuração material da família deve servir para observar e mobilizar os arranjos intrapsíquicos. Nosso corpo é também parte da configuração material familiar. Ele é tão produzido em família e conta com o mesmo grau de liberdade que a nossa psique. Espero que minha contribuição neste capítulo tenha sido a de mostrar como o sentido do sintoma psicossomático pode ser encontrado se levarmos em consideração não apenas o indivíduo, mas também o funcionamento psíquico familiar, seus padrões de interação e comunicação. Tratar o sintoma psicossomático demanda do psicanalista levar em consideração as manifestações expressivas do paciente a partir de múltiplos vértices de escuta, sem nunca se restringir a um só.

Gostaria de acrescentar algumas ideias sobre o trabalho com famílias com pacientes psicossomáticos. Essas famílias tendem a funcionar de modo concreto, operatório, com pouco espaço para a reflexão e o diálogo e, no mais das vezes, não procuram terapia porque desejam se pensar enquanto família. Elas vêm com a indicação de algum profissional da saúde que, tendo recebido o membro da família apresentado como doente, reconhece, nos bastidores do drama pessoal apresentado, a cena familiar que o articula. A família, então, é convocada para atendimento e, também no mais das vezes, quando chega à terapia, o faz para ajudar o seu doente. Pode levar muito tempo até que os familiares reconheçam sua implicação num drama não mais apenas pessoal, mas familiar. A isso se chama *mudança de foco*: no palco psicoterapêutico, como fazer para que a luz, que incidia tão fortemente sobre um dos membros, passe a iluminar também outras cenas em família, outras relações, ampliando assim a visualização da cena familiar como um todo? Parece haver unanimidade entre os terapeutas de família, seja qual for a abordagem, de que é recomendável que o trabalho parta do sintoma. Ou seja, que se acolham as queixas iniciais, centradas num dos membros, e se possa pensar com a família o sentido de sua demanda. Tanto o conteúdo quanto a forma da interação terapeuta-família devem se dar – ou melhor, só podem dar-se – no interior dos padrões de comunicação conhecidos pela família. O terapeuta deve aprender a falar a língua familiar e, aos poucos, ir transcendendo o concreto e o específico, de modo que afetos e fantasias compartilhados no sistema familiar possam ser trazidos à luz e investigados. O terapeuta deve auxiliar os membros da família a entrar em contato e refletir sobre os sentidos do que está sendo dito, mas sem esquecer que pode estar com uma família que raramente fala sobre seus próprios sentimentos e que, portanto, de início ao menos, pode não estar disponível para intervenções que soem distantes ou abstratas. A interpretação deve ser comunicada numa linguagem próxima da linguagem física, concreta do sintoma, e o terapeuta deve construir e emprestar metáforas acessíveis para que a família possa se pensar de formas novas, inéditas. Aos poucos, com talento e sorte, pode brotar e desenvolver-se um interesse da família por pensar-se.

Post Scriptum

No meio do trabalho com este texto eu quis lê-lo para o meu marido, também psicanalista. Ele sentou-se, escutou atentamente e disse que gostou muito. "Posso falar assim sobre mim?", lhe perguntei, como se pedisse autorização para seguir. "Deve", ele respondeu, "assim se faz Psicanálise". No dia seguinte, almoçando, ele me disse: "Faltou falar das suas fantasias sobre a separação. No que, afinal, a separação mexeu? Por que, afinal, foi dolorosa?". Era como se a fala dele subitamente tocasse o inconsciente do meu texto. Eu achava que tinha me exposto tanto e, agora, à luz do que ele me convidava a pensar, o texto soava um tanto defendido e bem-comportado. Ele ainda acrescentou: "Mexeu em fantasias suas de separar os pais? Ficar com o pai? Competir com a mãe? Psicanálise é isso!". Eu ensaiei dizer: "É verdade, eu era a queridinha do meu pai". A conversa não foi muito além, e talvez tivesse se perdido se naquela noite eu não tivesse tido um sonho que me parece, embora cheio de enigmas, uma resposta mais plena à indagação dele.

> *Sonho que estamos namorando e vou com ele para a Argentina, onde se encontram minha mãe e minha irmã. Elas estão num apartamento de dois cômodos em que só há camas, e eu fico ansiosa sobre onde vou dormir com ele, uma vez que em cada um dos cômodos há uma delas dormindo. Eu gostaria de uma privacidade que minha mãe, muito brava no sonho, se recusava a me dar (ela inclusive levanta as cobertas para ver o que estamos fazendo). No meio dessa situação, parece que os cômodos se transformam em vagões de trem, e minha filha menor, que no sonho tem cinco anos, sobe na janela do trem para pular para fora. Eu fico ansiosa, mas ela o faz com toda a segurança, sem o menor receio.*

Em primeiro lugar, creio ser importante atentar para o fato de que, se aos 6 anos eu fui a portadora das aftas, uma espécie de porta-sintoma da família, neste texto comporto-me como porta--sonho do meu grupo familiar. Entre as aftas e o sonho muito trabalho psíquico deve ter ocorrido, o que inclui uma nova composição familiar e um marido que pode me ajudar – ou dar mais trabalho! – para lidar com tudo isso. No sonho, a mãe brava, que obstaculiza e controla a minha vida sexual, será a mãe que se vinga de mim por fantasias minhas de ocupar o lugar de preferida do meu pai? Não vou me estender na análise do sonho. Há muitos elementos que dependeriam de um trabalho analítico para ganhar sentido – Argentina, minha irmã, minha filha, todo esse trem em que faço a viagem da vida. O que acho importante ressaltar aqui é toda a constelação psíquica que, partindo deste texto sobre as aftas na boca aos 6 anos, se desdobra em drama subjetivo, cena familiar, sonho, como múltiplas possibilidades de representação da dor.

Referências

Benghozi, P. (2000) Traumatismos precoces da criança e transmissão genealógica em situação de crises e catástrofes humanitárias. In O. R. Correa (Org.), *Os avatares da transmissão psíquica geracional.* Escuta.

Ferreira, A. (1960/1974) Mitos familiares. In G. Bateson, *Interacción familiar.* Tiempo Contemporaneo.

Garma, A. (1978). *Psicoanalisis: Teoria, clinica y tecnica.* Buenos Aires: Paidós.

McDougall, J. (1996). *Teatro do corpo, o psicossoma em psicanálise* (2a ed.; Pedro Henrique Bernardes Rondon, trad.). Martins Fontes.

Minuchin, S. (1967). *Families of the slums. An exploration of their structure and treatment.* Basic Books, Inc.

Puget, J., & Berenstein, I. (1993). *Psicanálise do casal.* Artes Médicas.

Young, R. M. (1995) *Mental space and group relations.* http://www.psychoanalysis-and-therapy.com/human_nature/mental/chap3.html.

5. O espaço familiar e sua ruptura: entre a memória e o sonho[1]

Lévi-Strauss (1983/2010) termina o texto "A família", um capítulo de seu livro *O olhar distanciado*, com uma bela metáfora sobre as relações entre família e sociedade. Lá ele diz que, na contínua marcha da vida social, a família constituiria o lugar do repouso necessário, como uma parada para o atendimento de necessidades pessoais intransponíveis para o seguimento da viagem. A família é lugar de parar, de dormir e comer, das relações íntimas, de proteger-se e refugiar-se das adversidades nas viagens pelo mundo. Possivelmente em todos os tempos e em todas as sociedades humanas, cada família, seja qual for o seu arranjo, buscou constituir um espaço para o atendimento dessas necessidades, que é a casa. Diz Bachelard (1957), em *A poética do espaço*: "[A casa] é um instrumento que serve para enfrentar o cosmos... Contra tudo, a casa nos ajuda a dizer: serei um habitante do mundo, apesar do mundo". Há, tanto na metáfora de Lévi-Strauss quanto na imagem de Bachelard, oposição e complementaridade entre família e sociedade, entre casa e mundo, ou, dizendo mais precisamente com as palavras com que

1 Texto originalmente publicado na revista *Le divan familial, 26*, 2011.

Lévi-Strauss termina o texto, "famílias na sociedade, pode dizer-se, como pausas na viagem, que são ao mesmo tempo a sua condição e a sua negação". Quando Bachelard discorre sobre as imagens da casa que aparecem em alguns romances e poemas, ele ressalta essa complementaridade entre o interior e o exterior. Assim, por exemplo, ao ler *Os paraísos artificiais,* de Baudelaire, ele diz:

> *nos sentimos colocados no centro de proteção da casa do valezinho, "vestidos" também com tecidos de inverno. E temos muito calor,* porque *faz frio lá fora... É necessário que haja um inverno canadense, um inverno russo. Seu ninho será mais quente, mais terno, mais amado... Para calafetar o aposento cercado pelo frio, pede ainda pesadas cortinas que vão até o chão... Atrás dessas cortinas sombrias parece que a neve é mais branca. Tudo se ativa quando as contradições se acumulam. (pp. 44-45)*

Bachelard implica, na casa, as lembranças da infância, o tempo a que retornamos no meio da caminhada da vida. Nessa casa, que é também a infância, as oposições entre o interior e o exterior, o frio fora e o calor dentro, emergem como uma espécie de sonho bom entretecido às lembranças do escritor, nas quais à cisão dentro/fora corresponde uma idealização do interior em oposição aos perigos do mundo.

Mas claro que a casa da infância também pode ser tão fria quanto o mundo lá fora, e às vezes ainda mais fria. Adorno e Horkheimer, num capítulo intitulado "Família", do livro *Temas básicos da Sociologia* (1956/1973), referindo-se à família burguesa, mostraram como entre o interior e o exterior não há simples oposição, mas uma dialética mais complexa através da qual, ao mesmo tempo que a família se oferece como lugar de proteção, como refúgio do mundo, ela reproduz em seu interior, nas relações mais íntimas, os modos de relação característicos da sociedade da qual faz parte, em particular em suas dimensões autoritárias e violentas. Talvez a palavra nem seja *reproduzir*, uma vez que a família é um núcleo a partir do qual relações sociais são forjadas. É o que lemos nas narrativas de Kafka, nas quais a família é apresentada como núcleo originário de uma violência entre pais e filhos que se amplia até a alienação ou a solidão. Gregor Samsa, a personagem de *A metamorfose,* enreda-se não apenas na violência da relação com seus pais, mas na própria casa paterna, cenário de difícil transposição, dada a sua metamorfose em inseto.

Bachelard (1957) dirá que as imagens da casa natal que encontra em romances e poemas integram lembranças e sonhos – ressonâncias de "ecos do passado" e manifestações dos "relevos do psiquismo expressos na atualidade". A casa natal de que ele nos fala não é só passado – ela é um ponto de encontro entre uma forma presente e uma experiência vivida no passado. E a maneira como o escritor integra o sonho na argamassa com que constrói a lembrança da casa natal é familiar ao modo como Freud (1900/1976) compreende o trabalho do sonho. Na *Interpretação dos sonhos,* ele diz: "No fundo, os sonhos não são nada mais do que uma forma particular de pensamento que se torna possível pelas condições do estado de sono. É o *trabalho onírico* que cria essa forma e é por si só a essência do sonhar – a explicação de sua natureza peculiar" (p. 541, nota de rodapé). É parte do trabalho do sonho, segundo Bachelard, contribuir para a criação das formas que emergem nas imagens da casa natal.

Na mesma obra de Freud (1900/1976), encontramos a imagem onírica da casa não apenas como expressão da forma de pensamento do sonhador, mas também como representação inconsciente do corpo – *casa* e *corpo* como espaços demarcadores de uma interioridade na qual órgãos e membros habitam em relação. Assim, por exemplo, ao relatar o sonho de um paciente (capítulo VI, E, III, "Os órgãos genitais representados por edifícios, degraus e poços") – ainda que em páginas anteriores tenha feito ressalvas em relação a uma forma de interpretação dos sonhos que faz uso da tradução direta de símbolos, sugerindo que esse é apenas um método auxiliar às associações do sonhador, as quais devem ser decisivas para a constituição do significado do sonho –, Freud ressalta que o jovem interpretou quase sem ajuda um sonho no qual entra com o pai num edifício: "a rotunda é interpretada como uma bunda, o pequeno anexo em frente como o escroto, um poço como uma vagina". Freud conclui, em nota de rodapé: "A frequência com que edifícios, localidades e paisagens são utilizados como representações simbólicas do corpo, em particular dos genitais, mereceria um estudo abrangente, que poderia ser ilustrado por numerosos exemplos" (p. 390). Também Melanie Klein, em seus primeiros relatos de análises de crianças pequenas, descreve fantasias de seus pacientes nas quais o próprio corpo e o corpo materno são suportes para a expressão de uma geografia complexa: "Descobrimos assim, escreve Klein a respeito de Erich, que seu sentido de orientação, que fora antes muito inibido, mas que agora se desenvolvia de maneira notável, dependia de seu desejo de penetrar no corpo materno, de examiná-lo por dentro, explorar as passagens que permitiam entrar e sair dele, e estudar os processos de fecundação e nascimento" (citado por Petot, 1979/1987, p. 28) – o corpo materno experimentado como um continente de membros e órgãos fragmentados, carregados de impulsos libidinais e sádicos, a que Klein se referiu como a "geografia do corpo materno". Sobre essa geografia, diz Petot: "Deve-se lembrar as fantasias de Erich relativas ao estômago e ao útero considerados como casas ou apartamentos, com suas portas (os orifícios corporais), seus terraços, seus móveis, etc... o corpo materno identificado a uma cidade e, definitivamente, ao universo inteiro" (p. 29).

Apesar de Bachelard ser crítico à Psicanálise, em especial a um método de interpretação psicanalítica que, segundo ele, operaria por tradução direta de símbolos em fantasias sexuais – a mesma crítica contida nas ressalvas de Freud que mencionamos há pouco –, é a imagem da casa como espaço que integra lembrança e sonho (numa leitura que ele próprio afinal aproxima em diversos momentos da Psicanálise) que ele vai encontrar nos textos de poetas e escritores. Ele diz: "Todos os abrigos, todos os refúgios, todos os aposentos têm valores de onirismo consoante. Não é mais em sua positividade que a casa é verdadeiramente 'vivida'" (p. 22). Um psicanalista, segundo ele, deveria dar atenção à localização das lembranças na casa, e ele chega a sugerir a criação de uma área de estudo, a *topoanálise,* que se deteria no "estudo psicológico sistemático dos lugares físicos de nossa vida íntima... É pelo/no espaço que encontramos os belos fósseis de uma duração concretizados em longos estágios. O inconsciente estagia... Mais urgente que a determinação das datas é, para o conhecimento da intimidade, a localização nos espaços de nossa intimidade" (pp. 24-25). Desenvolvendo, por exemplo, uma "verdadeira psicologia da casa", ele opõe a racionalidade do telhado à irracionalidade do porão. "O telhado revela imediatamente sua razão de ser: cobre o homem que tem medo da chuva e do sol... Para o porão também encontraremos, sem dúvida, utilidade. Nós o racionalizaremos enumerando suas comodidades. Mas ele é, em primeiro lugar, *o ser obscuro* da casa, o ser que participa das potências subterrâneas... O porão é, pois, a loucura enterrada, dramas murados" (p. 31).[2] Bachelard contrasta a casa vertical, com porão e sótão, referência para a verticalidade do corpo, com o apartamento: "Em caixas superpostas vivem os habitantes da grande cidade... não têm raízes. Coisa

---

2 Nesse mesmo sentido, Slavoj Zizek, no filme *The perverted's guide to cinema,* aproxima a distribuição da casa em *Psicose,* de Hitchcock, à segunda tópica freudiana: o pavimento térreo seria o *ego*, o porão, o *id*, e o andar superior, o *superego.*

inimaginável para quem sonha com casas: os arranha-céus não têm porão... *em nossa casa* não é mais que uma simples horizontalidade, em que faltam princípios fundamentais para distinguir e classificar os valores da intimidade" (p. 36). Para ele, a transposição do corpo humano, ou da alma, à casa, objeto geométrico, só é possível desde que se tome a casa como espaço que deve condensar a intimidade. "Abre-se então, fora de toda racionalidade, o campo do onirismo... É preciso estudar constantemente como a matéria da intimidade encontra, através da casa, sua forma" (p. 50). Podemos dizer que a alma habita um espaço e *é* o próprio espaço habitado.

Os cientistas sociais e os historiadores nos instruem sobre os processos mais gerais que caracterizam ao longo do tempo e em cada momento a vida doméstica dos diferentes grupos sociais (Prost & Vincent, 1992). Sabemos, através deles, que a constituição de um espaço de privacidade familiar separado do espaço público foi parte do processo de ascensão da burguesia desde o século XVI até os nossos tempos, e que esse processo caracterizou-se por uma progressiva especialização dos espaços da casa, até que o século XX democratizou o espaço da privacidade individual, o quarto de cada um, ou pelo menos o quarto dos filhos separado do quarto dos pais, como uma conquista do indivíduo dentro da própria família, possibilitada pela melhora geral no nível de vida. Os historiadores detectam tendências e suas dinâmicas nos diversos grupos sociais, mas cada casa, embora tenha muitos elementos em comum com outras casas, tem características singulares, relativas à família que a habita e à forma que encontra para habitá-la. É uma dimensão que tem a ver com a composição do arranjo familiar, sua identidade social, o nível econômico, fatores culturais e religiosos, as relações entre os moradores e as distâncias entre eles, ou seja, o quanto toleram permanecer perto ou precisam ficar longe uns dos outros. Concepções desenvolvidas dentro do campo da psicanálise da família (Berenstein, 1988) permitem pensar a ocupação, a distribuição e a organização do espaço doméstico como signos de uma estrutura psíquica familiar, ou seja, como indicadores dos padrões, das regras e fantasias que organizam as relações entre os familiares e determinam seus lugares na casa. Isso quer dizer que a forma como a família ocupa, distribui e organiza seu espaço, o lugar de cada um dos membros e a distância entre eles, é linguagem, tal como propõe Bachelard, que pode ser decifrada de modo a revelar a estrutura que organiza a família e lhe dá sentido – a partir dos índices materiais da casa, uma planta inconsciente para seus membros que, ainda assim, regula e significa a vida doméstica, a intimidade e a distância, os percursos e espaços pessoais. A estrutura familiar inconsciente é um precipitado da história familiar que se materializa na forma de sua ocupação.

A casa de que fala Bachelard é feita de lembrança e sonho. Ela é a casa do poeta, isto é, o poema que ele constrói. O poema é a obra do poeta, e é dentro da obra que o poeta vive, manifesta-se. O poema não é apenas um meio de expressão, é também o lugar onde limites e possibilidades suscitam a forma realizada. É a partir dessa casa que o poeta se faz poema, ou que um poema realiza o poeta. Essa casa não é passado, mas também não dá para dizer que é presente ou futuro. É um entrelaçamento de tempos que se faz na realização do poema. E isso é suscitado pela integração de lembrança e sonho. O poeta não volta a uma casa passada – não plenamente. Ele traz a casa da infância para o sonho do momento, ou leva o sonho até a casa da infância. O fato é que os tempos são superados em sua sequência cronológica. Freud também entende assim o sintoma, porque o sintoma opera a partir de um tempo que entrelaça os tempos. E todo sintoma é uma forma expressiva tão singular quanto o poema de cada poeta. Berenstein aloca um aspecto do sintoma do núcleo familiar no modo como esse núcleo habita a casa. No modo de habitá-la, Berenstein encontra um acordo extraordinário entre a dinâmica afetiva e as biografias pessoais de cada um dos membros. A casa é tomada pela história. O modo de habitar a casa é o modo de realização de um sintoma. E no sintoma se comunicam, ou se fundem, as possíveis leituras que cada um pode fazer ou não do fluir da história que atravessa todos.

Uma situação de minha história pessoal constitui uma evidência de como a violência de uma ruptura de relações em família manifesta-se na mudança das configurações espaciais da casa, aí se depositando o conflito e o sofrimento dele decorrente. Desejo mostrar como as formas de reorganização espacial após a ruptura fazem emergir elementos da estrutura psíquica familiar que já participavam, de algum modo, de sua configuração anterior – uma configuração que inclui não apenas a família nuclear, mas também suas relações com as famílias de origem, neste caso a família de minha mãe. Nesta discussão, tenho em mente a metáfora que Freud utiliza ao falar da divisão patológica do ego, no capítulo "A dissecção da personalidade psíquica" da obra *Novas conferências introdutórias sobre psicanálise* (1933/1976). Lá ele diz: "Se atiramos ao chão um cristal, ele se parte, mas não em pedaços ao acaso. Ele se desfaz segundo linhas de clivagem, em fragmentos cujos limites, embora invisíveis, estavam predeterminados pela estrutura do cristal" (p. 77). Proponho que um processo análogo se dá na família, ou seja, que, quando ela se parte, não o faz de qualquer modo, mas segundo linhas já inscritas na estrutura familiar anterior à ruptura, determinante de seu modo de ser e, muito possivelmente, da própria ruptura.

Meus pais se separaram quando eu tinha 6 anos e minha irmã mais velha, 9. Eu nasci e cresci até então vivendo com eles num apartamento de classe média, no último andar de um edifício novo e agradável, no miolo do bairro judaico do Bom Retiro, na cidade de São Paulo. O apartamento tinha, além das dependências comuns, dois quartos – um para meus pais e outro para mim e minha irmã. Estávamos nos anos de 1960, e meus pais, tal como parte significativa da comunidade judaica nessa parte do mundo, viviam seus anos dourados de ascensão social. Isso se refletia na casa, como quase sempre acontece. Meus pais remobiliaram a sala, recebiam amigos, tudo o que me enchia de prazer e orgulho. A lembrança de minha casa natal confirma a boa mistura de memória e sonho de que fala Bachelard. Não interessa aqui entrar nos motivos da separação. Apenas utilizarei as palavras de Adorno (1951/1975) em *Mínima moralia,* num capítulo intitulado "Cama e mesa", para transmitir algo da atmosfera que frequentemente envolve as separações dos casais – e que não foi diferente na história da minha família:

> *O divórcio, mesmo entre pessoas de boa índole, amáveis e educadas, predispõe a levantar uma nuvem de poeira que cobre e descolore tudo o que toca. É como se a esfera da intimidade, a desprevenida confiança da vida compartilhada, se transformasse num veneno maligno tão logo a relação em que esta floresceu se rompe. A intimidade entre as pessoas é indulgência, tolerância, refúgio para as idiossincrasias. Mas, se essa intimidade se desgarra, revela-se o seu momento de fraqueza, e num divórcio essa exposição é inevitável. Ela apropria-se da relação de confiança. As coisas que foram alguma vez símbolos de cuidado amoroso, imagens de reconciliação, desgarrando-se como coisas de valor independente, mostram seu lado mau, frio e pernicioso... Todo o fundamento obscuro sobre o qual se ergue a instituição do casamento... tudo isso irrompe dos porões e das fundações quando a casa é demolida. (tradução da autora)*

O psicanalista francês Pierre Benghozi (2005), a partir da teoria psicanalítica dos laços (ou vínculos), pensa as rupturas em família como dilaceramentos do que ele chama de continente psíquico familiar. Seu modelo para esse continente – cujas funções de acolhimento e pensamento são as mesmas descritas por Bion para as relações mãe-bebê, só que aqui expandidas para todo o grupo familiar – é o de uma rede, ou malha, feita de laços de filiação e de afiliação. Os primeiros nos ligam a nossos ascendentes e descendentes, no nível genealógico. Os segundos nos definem horizontalmente, enquanto sujeitos de pertencimentos, o que inclui as alianças, as inserções em grupos e instituições, os vínculos de amizade e de trabalho etc. O emaranhado dos laços psíquicos de filiação e de afiliação forma uma rede que é o próprio continente psíquico e que oferece sustentação ao indivíduo e à família como um todo. Dependendo do ponto onde esses laços se rompem, podem ampliar a ruptura da rede sem interrupção, como uma malha que se desfia – um processo que Benghozi chama de *desmalhe* e que pode ser catastrófico quando desfaz ou ameaça desfazer o tecido todo. É um dilaceramento traumático, com consequências para a vida psíquica e social de todos os membros da família. "Ao dilaceramento do continente correspondem o vazio, uma depressão melancólica, um afundamento, um dilaceramento narcísico, uma depressão identitária" (p. 107).

A mudança de casa pode ser considerada, nos termos de Benghozi, um esforço de remalhagem, de reconstituição do continente familiar como espaço de contenção das demandas e ansiedades dos familiares. Benghozi (2005) diz que "a construção do laço de aliança conjugal é uma forma de remalhagem recíproca dos continentes familiares das famílias de origem de cada membro". Creio que a separação pode também cumprir uma função inconsciente de recomposição, ou remalhagem, das famílias de origem do casal. Quero pensar a forma dessa reparação, dessa remalhagem, da reconstrução dos laços a partir da metáfora freudiana, ou seja, de que essa tentativa de conserto não se dá de forma aleatória, mas segundo linhas já inscritas na estrutura anterior à ruptura.

Meus pais se separaram, a casa natal desfez-se, minha mãe, minha irmã e eu fomos para a casa dos meus avós. Estes viviam a uma quadra de casa, num apartamento também de dois quartos, no qual moravam, além de meus avós, uma tia (irmã de minha mãe), também separada, e sua filha, na época com 8 anos. Meus avós ocupavam um quarto; elas, outro, quando nós três chegamos precisando de acomodação no mesmo espaço. Ocorreu, então, um movimento oposto ao que nos referimos anteriormente como *progressiva privatização do ambiente doméstico*, com espaços íntimos assegurados a cada um dos membros da família, longe dos olhares dos outros ou, pelo menos, uma separação entre o quarto dos pais e o dos filhos. Em nosso caso, a separação e a mudança de casa significaram, do ponto de vista espacial, uma espécie de regressão: eu e minha irmã perdemos nosso quarto; minha mãe deixou o quarto de casal; durante um bom tempo, minha mãe e minha irmã dormiam na sala da casa dos meus avós, enquanto eu dormia numa cama ao lado da cama deles. Minha mãe e minha irmã perderam as demarcações espaciais que as diferenciavam entre si do ponto de vista geracional, juntando-se as duas no sofá da sala, enquanto eu fui levada a dormir num lugar habitualmente ocupado por crianças pequenas: são elas que dormem no quarto do casal, ao lado da cama dos pais – no meu caso, dos avós. Enquanto isso, minha tia e minha prima, embora num só quarto, uma cama ao lado da outra, garantiam a discriminação do restante da família impedindo a entrada de todos nós no quarto delas. Nessa situação, objetos pessoais meus, da minha mãe e da minha irmã deixaram de ter espaço próprio, como tinham em minha casa anterior, para se espalhar pela casa, à vista de todos. Perdemos a privacidade, o espaço da intimidade, para nos espalhar sem contornos definidos pela casa de meus avós.

Um aspecto que a mudança ressalta é o retorno de minha mãe à condição de filha, indiscriminada das próprias filhas no espaço da nova casa. Essa é uma das linhas fundamentais já contidas na estrutura da pedra: penso que ela, apesar de ter casado e constituído a própria família, nunca abandonara o lugar para o qual agora retornava, junto ao seu pai, deixando o meu pai, agora seu ex-marido, isolado em nossa casa – um isolamento que lhe fora destinado muito antes, dada a força do laço que sempre uniu minha mãe ao meu avô.

Lembro que, na nova casa, um dos espaços que mais me atraíam era um canto atrás do sofá da sala em que minha mãe e minha irmã dormiam. O sofá desenhava um L arredondado, que criava com uma das quinas da sala um vão onde talvez só coubesse eu (acho que não cabiam duas crianças). Era ali que eu gostava de me enfiar – um espaço de atração, como um ninho de proteção. Num capítulo de seu livro dedicado exclusivamente aos cantos, Bachelard diz que "todo canto de uma casa, todo ângulo de um aposento, todo espaço reduzido onde gostamos de nos esconder, de confabular conosco mesmos, é, para a imaginação, uma solidão, ou seja, o germe de um aposento, o germe de uma casa... Um aposento imaginário se constrói em torno do nosso corpo, que se acredita bem escondido quando nos refugiamos num canto..." (pp. 108-109). Assim eu construía para mim, como fazem muitas crianças em cantos e esconderijos, uma casa minha, que eu imaginava protegida das angústias que pairavam sobre a casa de meus avós. Encontrava no canto o sentido de prazer, proteção e acolhimento de uma casa. "Por outro lado", segue Bachelard, "sob muitos aspectos, o canto 'vivido' recusa a vida, restringe a vida, esconde a vida... A consciência do ser em paz no seu canto propaga, ousamos dizer, uma imobilidade" (pp. 108-109). Minha mãe buscou na casa de seus pais um continente de acolhimento. No interior dessa casa que nos acolhia, mas também remetia dolorosamente à perda da casa anterior, eu buscava um canto para mim. Naquele momento, um canto de acolhimento, mas também de imobilidade, de esconderijo e recusa. Eu, no canto atrás do sofá, construí uma casa, ou um ponto de observação pessoal, para ao mesmo tempo me proteger e responder às mazelas de minha história. Se os sintomas nos constituem, isso quer dizer que é dentro deles que habitamos. Eles são o nosso esconderijo, a nossa guarida e o desdobrar de nossa peculiar forma expressiva. Talvez seja ainda a partir desse canto que eu construo meu conhecimento sobre o mundo. E, com certeza, em algum dos aposentos da casa que eu habito agora, no meio da mobília, despercebidamente, esse canto do sofá ainda está presente, como materialização de meu entrelaçar de lembrança e sonho. O ponto de origem de nosso modo de ser expressivo não é um lugar para onde voltamos, mas é sempre o lugar onde estamos.

Referências

Adorno, T. (1975). Mesa y cama. In *Minima moralia.* Monte Avila. (Trabalho original publicado em 1951).

Adorno, T., & Horkheimer, M. (1973). Família. In *Temas básicos da Sociologia.* Cultrix/Edusp. (Trabalho original publicado em 1956).

Bachelard, G. (1957). *A poética do espaço.* Livraria Eldorado Tijuca Ltda.

Benghozi, P. (2005). Resiliência familiar e conjugal numa perspectiva psicanalítica dos laços. *Psicologia Clínica, 17*(2).

Berenstein, I. (1988). *Família e doença mental.* Escuta.

Freud, S. (1976). A interpretação dos sonhos. In *Edição standard brasileira das obras psicológicas completas de S. Freud* (Vol. IV-V). Imago. (Trabalho original publicado em 1900).

Freud, S. (1976). A dissecção da personalidade psíquica. Novas conferências introdutórias sobre psicanálise. In *Edição standard brasileira das obras psicológicas completas de S. Freud*, (Vol. XXII). Imago. (Trabalho original publicado em 1933).

Lévi-Strauss, C. (2010). A família. In *O olhar distanciado.* Edições 70. (Trabalho original publicado em 1983).

Petot, J.-M. (1987). *Melanie Klein: Primeiras descobertas e primeiro sistemas, 1919-1932.* Perspectiva. (Trabalho original publicado em 1979).

Prost, A., & Vincent, G. (Eds.). (1992). *História da vida privada*, Vol. 5: *Da Primeira Guerra a nossos dias.* Companhia das Letras.

Zizek, Slavoj. *The perverted's guide to cinema.* http://www.thepervertsguide.com/clips.html.

6. O desemprego em situação: um estudo psicossocial[1]

As repercussões psicossociais do desemprego constituem tema sobre o qual pesquisei por cinco anos junto a trabalhadores desempregados pobres, homens e mulheres com pouca ou nenhuma qualificação formal, no Centro de Referência em Saúde do Trabalhador da Freguesia do Ó, na cidade de São Paulo. Apresentarei aqui primeiramente alguns achados e reflexões de pesquisadores que se debruçaram sobre o tema em diversos países, para em seguida trazer algumas contribuições a partir do que pude observar em meu trabalho, realizado entre 2000 e 2004.[2]

Os pesquisadores (Jahoda, 1987; Castel, 1997; Dejours, 1999; Feitosa dos Santos, 2000) que se aprofundaram no exame das

1 Trabalho apresentado no evento "Crise, desemprego e realidade brasileira", organizado pelo Centro de Psicologia Aplicada ao Trabalho (CPAT) no Instituto de Psicologia da USP (2009), e publicado na *Revista da Associação Brasileira de Estudos do Trabalho, 8*(2), 2009.

2 Os dados aqui apresentados são parte de minha tese de doutorado, *O desemprego em situação: esboços de estruturação de uma clínica social*, realizada sob a orientação da Profa. Sylvia Leser de Mello e apresentada ao Instituto de Psicologia em maio de 2004.

determinações e consequências psicossociais do desemprego permitiram o surgimento, a partir de suas observações, de um certo amálgama de ações e comportamentos sociais e sua tradução no interior de linguagens que visaram descrever as dinâmicas intrassubjetivas de cada ser humano, bem como das relações entre eles, tendo como eixo de indagação a experiência do desemprego.

Marie Jahoda (1987), que estudou as consequências sociopsicológicas do desemprego em dois contextos tão distintos quanto a Europa dos anos 1930 e dos anos 1980, inicia seu trabalho dizendo da dificuldade de se chegar a uma definição única de *desemprego*, uma vez que varia entre os países e as épocas. Para os fins de sua pesquisa, ela considerou desempregada a pessoa que, num dado momento, encontrava-se sem emprego embora quisesse tê-lo e/ou que, quando não tinha um posto de trabalho, dependia de auxílio econômico para subsistir. Em meu trabalho, optei por adotar essa definição, por considerá-la ao mesmo tempo precisa e abrangente para o exame do campo de investigações.

Jahoda (1987) utiliza como referencial teórico para a compreensão das consequências sociopsicológicas do desemprego o modelo da *privação*. O que esse modelo sugere, em síntese, é que se podem interpretar as consequências da perda do emprego a partir das funções que ter um emprego desempenha, e que incluem o ganho de um salário, a imposição de uma estrutura temporal, o estabelecimento de vínculos pessoais e de experiências compartilhadas fora da família, a proposição de objetivos que transcendem o indivíduo, situando-o numa dimensão coletiva mais ampla, a atribuição de um *status* e de uma identidade social e a obrigação de manter certo nível de atividade. O emprego, enquanto modalidade historicamente determinada do trabalho, tem, para Jahoda, um caráter constitutivo da subjetividade na medida em que os seres humanos, através dele, não só produzem coisas, mas produzem a si mesmos no processo. A partir da consideração dos elementos constitutivos da subjetividade propiciados pelo emprego, Jahoda investiga as experiências subjetivas produzidas pela realidade objetiva do desemprego, os sentidos gerados pela perda de elementos outrora providos pelo trabalho. Assim, para além das consequências estreitamente ligadas ao empobrecimento material, ela observou outras em que a conexão com a perda do emprego enquanto conjunto de atividades com implicações psicológicas e sociais parece ser mais visível do que com a perda de poder aquisitivo. São elas: a perda da estrutura temporal habitual e do sentido do tempo; a falta de objetivos, de um sentido de finalidade; a exclusão de uma sociedade mais ampla; um relativo isolamento social e a perda do sentido de identidade produzido no e pelo trabalho.

Indo ao encontro das observações de Jahoda em relação à importância que ela confere ao trabalho para a constituição subjetiva e para a manutenção de um certo equilíbrio psíquico, Freud (1930/1974), numa longa nota de rodapé ao texto *O mal-estar na civilização*, diz:

> *Não é possível, dentro dos limites de um levantamento sucinto, examinar adequadamente a significação do trabalho para a economia da libido. Nenhuma outra técnica para a conduta da vida prende o indivíduo tão firmemente à realidade quanto a ênfase concedida ao trabalho, pois este, pelo menos, fornece-lhe um lugar seguro numa parte da realidade, na comunidade humana. A possibilidade que essa técnica oferece de deslocar uma grande quantidade de componentes libidinais, sejam eles narcísicos, agressivos ou mesmo eróticos, para o trabalho profissional, e para os relacionamentos humanos a ele vinculados, empresta-lhe um valor que de maneira alguma está em segundo plano quanto ao*

> *de que goza como algo indispensável à preservação e justificação da existência em sociedade. (p. 99)*

Trabalho como fonte de subsistência, em pelo menos dois sentidos: asseguramento das condições materiais necessárias à manutenção da vida pessoal e dos dependentes, mas também das condições materiais e sociais nas quais são possíveis a expressão e realização da identidade pessoal e a manutenção de um equilíbrio psíquico que depende de um certo ordenamento temporal e das possibilidades de deslocamento de componentes libidinais que encontram no trabalho – particularmente no trabalho realizado por livre escolha – amplas possibilidades de sublimação.

Christophe Dejours (1999), utilizando como referencial teórico a compreensão advinda dos estudos em psicodinâmica do trabalho, mostra como a perda do emprego pode impor um processo de dessocialização progressiva que ataca os alicerces da identidade, na medida em que o reconhecimento do trabalho, ou da obra realizada, é um dos elementos centrais a ser reconduzido pelo sujeito ao plano da construção de sua identidade. Trabalhar, para Dejours, assim como para Jahoda, não se restringe à atividade de produção, mas é também inserção numa experiência coletiva de produção de sentidos sobre o mundo, sobre o trabalho e sobre si próprio. O trabalho de Dejours mostra como a realidade do desemprego cria, mesmo para os que estão empregados, uma situação de precarização e de permanente ameaça da qual o coletivo dos trabalhadores defende-se através de estratégias individuais e coletivas. Através de estratégias defensivas, os indivíduos, coletivamente, consentem em submeter-se e tornam-se agentes de uma verdadeira "máquina de guerra econômica" (p. 16).

O sociólogo Robert Castel (1997) pensa o problema do desemprego "na conjunção de dois vetores: um eixo de integração/

não integração pelo trabalho e um eixo de inserção/não inserção em uma sociabilidade sociofamiliar" (pp. 22-23), mostrando desse modo como o desempregado, para além de sua exclusão do mundo do trabalho, "exprime um modo particular de dissociação do vínculo social". O que Castel enfatiza é que o desemprego lança os seres humanos numa situação de fratura com o social, de ruptura dos vínculos de sociabilidade, para além das privações materiais impostas pelo empobrecimento decorrente dessa condição. Ao definir os dois eixos entrecruzados, ele mostra como a intensidade da ruptura com o social e do isolamento do desempregado vai depender também das redes familiares e sociais que vão garantir, ou não, a experiência de inserção e pertencimento vivida pelo trabalhador excluído ou em relação precária com o mundo do trabalho. E, nesse sentido, para Castel, a tragédia de nossos dias parece advir de uma situação na qual à precariedade e à falta de vínculos de trabalho soma-se uma crise da família enquanto grupo capaz de conter e garantir a inserção social do desempregado.

Em nosso país, Feitosa dos Santos (2000) realizou um trabalho de pesquisa com trabalhadores desempregados que frequentavam os pátios do SINE (Sistema Nacional de Emprego) do Ceará, local em que pôde observar e conversar longamente com as pessoas que lá iam todos os dias em busca de uma colocação profissional. Seu intuito, como ele diz, era "compreender a questão do desemprego sob a óptica do desempregado" (p. 15), "realizar um estudo subjetivo de uma categoria social" (p. 25). As entrevistas – que, segundo os depoentes, funcionavam como espaços de reflexão, de "terapia" – revelaram a um pesquisador sensível à experiência vivida por eles o sofrimento desencadeado pelo desemprego o sentimento de exclusão, de "interrupção de um percurso", de perda, muitas vezes de choque e de impossibilidade de pensar, mas também as estratégias de sobrevivência e o papel das redes familiares e sociais como suportes de enfrentamento. Nessas entrevistas, os trabalhadores podiam relembrar suas histórias de emprego e de demissão e as repercussões dessas experiências em seu mundo pessoal, em seus sonhos, em suas famílias e em seus grupos de convivência. Após explicitar e descrever os sentimentos percebidos e falados em sua convivência com os desempregados – o medo, a vergonha, o desgaste, a frustração, a violência, a indignação, a irritabilidade, a tristeza, a humilhação, a solidão, a incerteza, a inutilidade, a depressão, o fracasso, a culpa –, Feitosa dos Santos chega a propor o conceito de *síndrome subjetiva do desemprego*, referindo-se assim a essa "pandemia da contemporaneidade" desencadeada pelo desemprego, um "sofrimento que se transforma em agravos à saúde de seus reféns" (p. 290), "uma coletânea de problemas funcionais, com ou sem substrato orgânico" (p. 292), cujos agentes etiológicos seriam os próprios sentimentos mencionados.

Os autores que apresentei até aqui estabeleceram seus campos de investigação na tentativa de significar o impacto do desemprego nos indivíduos desempregados ou sobre os quais paira a ameaça do desemprego. Jahoda e Castel privilegiam, em seus estudos, a descrição das alterações nas situações de vida, nos vínculos de sociabilidade, nas relações com o tempo e com os espaços sociais dos sujeitos implicados. Dejours e Feitosa dos Santos privilegiam as implicações da condição de desemprego no estado emocional dos sujeitos desempregados. É claro que, ao resumir desse modo os trabalhos desses investigadores, estou apenas ressaltando os vetores principais de seus estudos, pois a investigação do efeito do desemprego nas pessoas desenvolve-se num campo complexo de estudos, que é o da *interação* entre a realidade sociopolítico-econômica e a vida psíquica. A situação de desemprego traz para os implicados uma urgência de realizar uma elaboração que leve em consideração tanto os chamados dados subjetivos da biografia pessoal quanto os dados da chamada realidade externa.

Nos manuais de economia, nos artigos de jornais, nas notícias veiculadas pela televisão, o desemprego emerge como um número, uma estatística, um dado ou um fato, por assim dizer, ideacional. Trata-se de um aspecto que faz parte de uma leitura da realidade. Em todos esses casos, o desemprego é tratado como uma representação – em sua condição de dado ou mesmo de fato social de nossa realidade – ou uma ideia – em sua condição de número, em qualquer das inumeráveis pesquisas apresentadas. Porém, o testemunho da experiência direta com o desempregado nos põe em contato imediato com uma realidade que não é simples representação ou ideia, pois não se trata de meras interpretações ou leituras sobre o desemprego, tais como as que podemos depreender dos manuais e notícias de jornal, que visam oferecer um retrato do fato ou uma explicação para ele. A experiência direta com o desempregado agrega à visão "teórica", se assim pudermos nos expressar, uma dimensão orgânica, o aspecto ativo de cada um dos implicados. Aquilo a que frequentemente denominamos *vida psíquica* nada mais é do que esse aspecto ativo da vida humana, o traço singular emotivo e ideativo que se traduz na experiência de vida de cada um(a), em cada movimento que realiza, em cada gesto que atualiza, em cada palavra que emite.

Poder-se-ia argumentar que a realidade de vida das pessoas desempregadas é advinda inteiramente de um modo de funcionar econômico que promove a catástrofe do desemprego; assim, psicologizar nesse contexto – adentrar a vida psíquica dos implicados – seria algo como um trabalho de perfumaria que, quaisquer que fossem os achados, quaisquer que fossem as considerações realizadas, significaria nada ou muito pouco, uma vez que não seria nesse campo que encontraríamos as reais determinações para a realidade do desemprego. E, de fato, quão equivocada é, diante da realidade econômica em andamento, a tão propagada responsabilidade pessoal pela vida no mundo do trabalho! Mas, hoje em dia, creio que já não é mais possível tecer considerações sobre o ser humano reduzindo-o a um objeto da História. Todos os seres humanos, de algum modo, se emanciparam – pelo menos, foram emancipados no campo das teorias – e, portanto, devem pagar o preço por essa emancipação. Devem pagar o preço por serem vistos como sujeitos de sua história, responsáveis por ela. Essa leitura não tem volta, mesmo quando os dados da realidade, como em nosso país, apresentam gigantescas parcelas da população desprovidas das condições mínimas necessárias tanto de consciência, isto é, de educação, quanto de participação política e social para poderem ser plenamente chamadas de cidadãs. Faz parte do imaginário em todas as camadas sociais, inclusive nas mais pobres, como pude ver em meu trabalho, assumir para si uma parcela da responsabilidade pelo seu destino no mundo do trabalho, seja através do fator idade ou nível de formação, seja pelo lugar em que se mora, pela disponibilidade para trabalhar etc. E espera-se que cada um(a) se fortaleça para, fazendo o melhor possível, aperfeiçoar seu currículo – ter um "currículo bom", como me disse um desempregado –, requalificar-se ou mobilizar-se atrás de uma vaga, portando todos os recursos pessoais de que dispõe para encontrar um lugar no sistema produtivo.

Uma leitura que reduzisse os seres humanos a objetos do acontecer histórico de algum modo anularia esse processo emancipatório de cada um(a) como indivíduo em relação à tessitura social; por isso, aceitamos o caminho da implicação pessoal. Evita a idealização a que levaria colocar todas as pessoas com que lidamos em nosso trabalho na posição de vítimas do sistema. Claro que são vítimas, claro que sobre elas se abate uma funesta realidade, diante da qual suas biografias pessoais as responsabilizam em menor medida. E elas sabem disso, dada a profunda queixa que emitem sobre o social maior, o modo como compreendem e avaliam a ação do sistema de mercado e a recorrente transformação de sua força de trabalho em mercadoria. Cabe-nos também compreender essa queixa como um processo de resistência diante dos violentos mecanismos em jogo na dinâmica dos mercados. No entanto, todos eles(as) não apenas incorporaram todo o mundo de representações e de ideias que são veiculadas pelos meios de comunicação a respeito de si e de seus destinos como brasileiros(as), como põem em funcionamento esse campo ideológico a partir de seus limites e possibilidades, advindos de suas histórias pessoais. Eles(as), por assim dizer, "vestem a camisa" de serem desempregados(as) no Brasil do início do século XXI e atuam a partir desse marco identitário, produzindo também a realidade de suas existências. Implicá-los é respeitá-los para ter melhor compreensão da séria situação que atravessam, da terrível demanda que emerge para a sociedade como um todo a partir do drama de suas condições e do impacto de suas situações na vida social. Nós os(as) implicamos sem esquecer que suas realidades como desempregados(as) têm origem no marco das políticas macroeconômicas que estão em andamento em nosso país.

Meu estudo realizou-se na tentativa de acompanhar e observar homens e mulheres desempregados(as), e também suas famílias. Pesquisas que tratam da questão do impacto da perda do emprego na família, realizadas em diversos países, apontam consistentemente para fenômenos como a elevação do nível de conflito, tensão e estresse – perturbações emocionais que atingem todos os membros da família – e o aumento da frequência de separações, divórcios e violência doméstica.[3] Diversos autores apontam também para a urgência de serviços de atendimento psicológico e social que ofereçam suporte para essas famílias.[4]

---

3 Para um levantamento detalhado de dados estatísticos que relacionam desemprego e conflitos familiares, ver Dew (1991); Price (1992).

4 Ver, por exemplo, Hoffman (1991); Jones (1991).

A família, de algum modo, é violentada quando um de seus membros vê-se excluído da esfera do trabalho, e é a própria família um dos espaços privilegiados para a emergência de estratégias possíveis para o enfrentamento dessa situação. Em minha pesquisa, parti da hipótese de que a família pode oferecer-se como um espaço de elaboração diante da violência do real, que impeça seus membros de sucumbir a ela. Mas levei em consideração também que o espaço familiar pode ser plenamente contaminado por essa violência e repetir em seu interior, nas situações do cotidiano familiar, a mesma violência executada em seu exterior, promovendo o pesadelo de legitimar o lugar da incapacidade para a execução de funções sociais de seus membros. Pude observar que o desemprego significa, para cada uma das famílias com que tive contato, a explicitação de uma ferida real. Numa realidade tão carente, cheia de fraturas na história cultural, na biografia pessoal e na sociabilidade com o entorno – mesmo quando em atividade de trabalho –, a interrupção do precário salário mensal resulta numa urgência de enfrentar a situação que acaba por capturar por inteiro a vida de cada um dos implicados. Exemplos da situação de encerramento a que o desemprego parece lançá-los não faltam. Por estarem encerrados em si próprios e no território familiar, o trabalho psíquico parece restringir-se a uma certa adaptação para ocupar uma vida violentamente contraída. Um trabalhador desempregado disse:

> *O duro é que todo dia é a mesma coisa. Quando você trabalha, chega fim de semana é uma maravilha! Descansa, chama os amigos, faz um churrasco. Depois, segunda-feira é um horror, acorda cansado da farra do domingo (ri) e vai trabalhar. Mas, quando você tá desempregado, que bom seria acordar na segunda-feira e ir trabalhar! Mas não. Todos os dias é a mesma coisa, não tem segunda, não tem terça, nem fim de semana.*

> *Você sabe que acorda e tem mais um dia pela frente. Agora, é uma questão de acostumar, eu digo pra mulher. É o mesmo quando você muda os móveis da casa de lugar: de início, você entra e estranha, tava acostumado de outro jeito. Mas, aos poucos, vai acostumando. É o mesmo com a mudança de rotina, com a perda do emprego. Precisa acostumar.*

Para ele, a vida de trabalho contraiu-se em lembrança, da qual faz parte algo assim como uma esteira sobre a qual desfilam, num fluxo rotineiro, as segundas, terças, quartas, quintas, sextas, sábados e domingos. Ele perdeu a esteira, perdeu a rotina diária, mas não ganhou a liberdade. O tempo mostra-se assustadoramente desempregado, tal como ele: parado, estático. É essa apresentação do tempo que o assusta. E talvez assuste tanto que ele prefere se lembrar de uma mudança espacial, da alteração nos móveis da casa, para dar a entender que a gente, no final, se acostuma. Mas o que é acostumar-se nessa experiência do tempo?

O desemprego faz emergir uma solidão que parece ameaçar a identidade de cada um dos implicados. Isolados, esse mote enunciado – "aos poucos, a gente vai acostumando" – parece suscitar um movimento no qual são mais conduzidos do que propriamente sujeitos de sua ação. É o patrão que manda embora, e é Deus que vai ajudar. É a vida que se agita com uma força e uma violência tão imensas que, se já se era pequeno quando inserido no mundo produtivo, agora se é tão ínfimo que tudo o que resta a fazer é ir tocando o que aparecer no pequeno mundo a que se ficou restrito.

> *Olha, em casa sempre tem alguma coisa pra fazer, então a gente tá sempre... modo de dizer, uma pintura, uma reforma...*

> *A gente não aguenta ficar em casa. Eu saio, dou a ronda, vou na casa do meu tio, passo no bar, jogo um dominó.*

O real parece ser uma prisão, e os sujeitos não são demitidos apenas de seu trabalho, mas também de si próprios, de sua condição humana, de seu ir e vir, de seu exercício reflexivo. Eles(as) têm que encontrar uma saída, e, nesse caso, a saída não é metáfora de nada. É conseguir um punhado de reais por mês que garantam a sustentação do precário barraco onde se vive ou a reposição de móveis que a chuva estragou, como conta outro desempregado com quem conversei:

> *A situação de quem está empregado já está difícil. Realmente, nós sabemos que a inflação está devorando o pessoal. E quem está desempregado, pior ainda, né? Pela graça de Deus, ela continua recebendo uma parcela desse tal de renda mínima. No momento, do que nós estamos sobrevivendo é com isso. Mês que vem, agora, é a última parcela do meu seguro-desemprego, depois só Deus sabe o que vai acontecer... o dinheiro da indenização, os mil e trezentos reais, eu tive que desmanchar uma parte da nossa casa que era de madeira e, quando chovia, entrava água dentro de casa... a madeira já tava caindo, tinha uma parte inteira que praticamente já tinha caído; aí eu comprei o material e construí a parte de madeira em tijolo. Quem é dispensado tem que pelo menos segurar um dinheiro até arrumar outro trabalho, mas no nosso caso não foi possível, porque o barraco tava caindo.*
>
> *Acho que, quando não tiver mais dinheiro pra fazer compra, aí é que vai apertar mais a família, porque, com criança pequena pedindo coisa pra comer, não*

> *tem... por enquanto, a gente não tá nisso. Estamos sobrevivendo com o seguro-desemprego, né? Mas agora vai ser a última parcela, aí seria pra ficar mais preocupado, desesperado, mas... tem que procurar uma forma, uma ajuda, né? Então, talvez vocês tenham condições de ajudar nesse sentido também, né?*

Desgarrados da possibilidade de serem incluídos no mercado de trabalho, veem-se solitários na luta contra um contexto que os exclui e apresentam entraves difíceis de superar. Nem sequer o sindicato é visto como uma instância de amparo para o terrível conflito de um contra todos a que se veem reduzidos. O substrato materialista de suas vivências é trazido por eles(as) com tanta crueza, de forma tão explícita no que diz respeito às mazelas do social, que o que emerge é algo assim como uma pornografia do estado da sociedade, que seria habitada por patrões enganadores e exploradores que tiram o sangue; funcionários desatentos e insensíveis; colegas que fazem qualquer coisa para conservar seu posto de trabalho; políticos interessados apenas em obter cargos; radialistas que se oferecem como salvadores, mas que não passam de engabeladores; corpos que são espremidos até o bagaço. Enfim, da fala que eles(as) enunciam pode se desprender um coletivo no qual a violência ganha uma materialização que tende a transformar o social em algo como uma máquina sádica que os ameaça. Não que eles(as) não articulem situações que permitam o resgate de todo esse social como um espaço no qual e para o qual vale a pena investir. Claro que sim. Mas a desesperança ergue-se à maneira de um muro intransponível, não só para cada um(a) deles(as), mas também para os seus. "De que adianta minha filha estudar?", exclama uma mãe diante dos desesperadores empenhos de sua filha, obturando assim, com uma visão realista pessimista, os empenhos da jovem.

O que eles(as) carregam consigo de forma mais autêntica, se é que posso me expressar assim, é a luta contra tudo e contra todos pelo cuidado com aqueles a quem os laços familiares os atam. Parece que o melhor que eles(as) têm para contrapor-se a esse estado de coisas vem do que Ecléa Bosi (1973) denomina uma "moral sustentada pelo grupo primário", tão contraída, no entanto, que não parece ter existência num marco que transcenda a própria vida familiar, muito menos um ancoradouro na vida social mais ampla. Do coletivo maior, o que chega para eles(as) são frustrações que assumem a forma compactada e imperativa de frases do tipo "está demitido", "está negado", "não tem trabalho" e "não é nossa função oferecer emprego" – frases que suscitam sentimentos de raiva que "atormentam a pessoa". Fazem "ficar sufocado" e "apavorado", "deprimido", "sem ânimo" e "sem graça de nada", subtraindo-os da roda de amigos. E com tanta dor "que não dá vontade de sair da cama". Ou seja, o social, o lugar da sociabilidade maior, o lugar que antes oferecia, para além do trabalho, a roda de amigos e as coisas que se desejam, agora parece ganhar um véu refratário, uma cortina que os separa e divide o mundo em dois: eles e os outros. E eles como que se desconectam, talvez porque o mundo maior, o social do qual fazem parte, apenas os frustra ao produzir milhões de desempregados(as) e poucos – para não dizer nenhum – sinais de que, de algum modo, o destino deles(as) é motivo de preocupação desse coletivo. O que eles não encontram de modo geral são sinais de que seu drama de vida é levado seriamente em consideração. É como se o social também se desconectasse de seus destinos, entregando-os a si mesmos contra todos. O que não os faz soçobrar de vez é algo que advém da frágil porém poderosa estrutura familiar que cada um carrega. Frágil porque, sentindo o impacto de todas as transformações econômicas, são famílias em processos de profunda mutação, núcleos que devem agregar outros membros ou, ao contrário, em processos de separação; e ainda, sobre esses radicais processos de reorganização e/ou desestruturação familiar, deve-se ter presente a tendência que esses núcleos apresentam para realizar deslocamentos, seja de um bairro para outro, seja de São Paulo para outros estados. Trata-se de grupos familiares que devem acolher a mãe ou o irmão distantes, ou que dependem dos parentes para obter a casa em que vivem ou o dinheiro do pão e leite de todo dia. Frágil também porque a situação do casal está sempre em questão, num clima tenso que faz "engolir em seco" as frustrações que vão se acumulando, o medo diante da incerteza, e põe em cena ter que provar uma impressionante capacidade de amar, apesar de tudo.

As figuras parentais também ficam em questão e, com elas, sua autoridade diante do grupo familiar, num jogo em que ora soçobram, ora são resgatados, sem uma conclusão definida. As repercussões do drama da falta de trabalho em um dos pais são enormes na vida dos filhos, se é que posso fazer do grupo com que conversei um padrão para estudo. Todos os filhos, de algum modo, têm que lidar com a incerteza que a falta de trabalho dos pais suscita, e a tendência ao extravio é grande. Quase todos os que participaram da pesquisa trazem um sentimento de que, se para eles(as) está difícil arrumar emprego por causa da idade ou dos entraves advindos da própria história de trabalho, para os filhos as coisas não se apresentam mais fáceis, deixando pairar sobre todos, de algum modo, a sombra de que a maldição do desemprego, por assim dizer, pode cair também sobre os filhos. Cada membro da família precisa acolher o outro, desesperadamente. Se não o faz, é insensível. Não pode, como me disseram, "jogar na cara", e todos parecem saber quão importante é acolher aqueles(as) que o mundo do trabalho abandonou. Esse é um aspecto que ganha um traço quase moral, apesar de se sustentar sobre um sem-fim de sentimentos ambíguos, fruto azedo da angústia, do medo e da incerteza. Não se pode fazer justiça na própria casa – não a justiça que o social faz.

Não se podem avaliar as pessoas como o mundo administrado lá fora o faz; isso seria perder o coração.

Como diz Christopher Lasch (1991), a família é uma célula protetora ou acolhedora num mundo sem coração. E é essa função protetora e acolhedora que é posta em questão diante do trauma do desemprego. Às vezes, são as intervenções dos filhos as responsáveis pela manutenção de um frágil equilíbrio entre os pais, demandando de um e de outro forças para se manter juntos. Faz parte da esperança desesperançada que vivem a resposta positiva do núcleo familiar, principalmente em relação aos homens desempregados, que tendem a ver a si próprios sob a moldura de um amor próprio ferido profundamente. Serem acolhidos pela família ou pela companheira é tudo o que lhes resta. Eles retraem-se na moral familiar como desterrados do mundo social, e habitam o círculo familiar como refugiados que se acolhem e se abrigam, se protegem e se amparam por entre as redes do tecido familiar. Porém, lá dentro sentem-se banidos de seu lugar natural, convivendo de forma desequilibrada, como estranhos no ninho, em torno dos afazeres domésticos. É verdade que tendem a adaptar-se, mas não é o natural. Já as mulheres parecem realizar o movimento oposto: as mazelas do mundo do trabalho favorecem o emprego do feminino, ou seja, o emprego temporário, quebra-galho, sem carteira assinada e sem maior responsabilidade do empregador do que o aqui-e-agora. Lavadeiras, vendedoras ambulantes, faxineiras, empregadas domésticas, enfim, toda uma série de serviços temporários e informais se oferecem como alternativas para o ingresso de algum provimento, tendendo a inverter-se, de algum modo, os papéis desempenhados pelo casal parental, transformando ela em provedora e ele em responsável pela organização doméstica. Para as mulheres, essa situação não parece ser algo novo. Elas parecem muito mais disponíveis e aptas ao papel de provedoras do que eles a serem enredados na organização da casa. Precisa de muita campanha externa para que se sintam bons cozinheiros, guardiões dos filhos, lavadores de louça e de roupa. De algum modo, o desemprego os degrada ao transformá-los em cuidadores da casa. Não gostam, não parece ser "coisa para homem". Tornam-se moralistas, demandam um amor e uma fidelidade infinitos, observam com inveja o desempenho das mulheres fora de casa. O desemprego, para os homens, põe em xeque sua própria moral. Não é apenas uma violência pessoal, não é apenas uma ferida interna; é o próprio chão ideacional sobre o qual estão implantados que parece ecoar com o mundo do trabalho e tende a expulsá-los. Os acontecimentos aqui se precipitam com muito mais velocidade do que a acomodação de todo o sistema de valores - duro e complexo como uma rocha - sobre o qual se legitimam e a partir do qual são legitimados. O desemprego demanda deles uma abertura para um enorme rearranjo de si, e nem sempre há disponibilidade para tanto. As mulheres, embora muitas vezes mais atadas à vida familiar - e quem sabe também por isso mesmo -, tendem a realizar um processo de reorganização que leva em consideração o real, uma vez que o mundo do trabalho muitas vezes prefere o feminino para atividades informais, sem vínculo empregatício, e que possibilitam a emergência de situações concretas que deem conta, ainda que minimamente, do cotidiano. As mulheres funcionam como verdadeiros rebocadores que, tomando a iniciativa e a dianteira, arrastam com seu esforço o pesado fardo familiar, em cujo núcleo frequentemente esconde-se um homem magoado e ferido.

A família é o núcleo central de elaboração, o território que resta para uma reorganização da nova realidade situacional que o desemprego gera. Constitui-se num privilégio inestimável o daqueles(as) que podem contar com uma estrutura familiar mais tolerante e disponível para acolher toda a carga pesada que o desempregado traz pra casa e que supera em muito a já difícil situação econômica. Aqui não se trata apenas da falta de dinheiro, mas também da sobra de frustrações e carências que os envolve por inteiro como existentes, colocando em questão suas competências de um modo tão intenso que suspeitam de sua legitimidade para existir. E, assim, oscilam entre o sentimento de fracasso e a humilhação de viver dos favores e da boa vontade dos familiares, numa dinâmica que só a constância de um cotidiano familiar mais estável é capaz de catalisar, promovendo uma transformação que os reafirme enquanto existentes mais plenos. Mas, apesar de a família ser esse insubstituível território de reorganização pessoal, não se pode pedir a ela que se transforme na totalidade do território existencial de seus membros. Talvez os idosos contraiam sua existência à vida familiar, mas os desempregados que se veem forçadamente contraídos para dentro da família deixam em aberto pontes fundamentais para com um mundo mais amplo que a família. E a falta de conexão com a outra margem traduz-se em algo como veias abertas, por onde escoa uma sangria identitária – um esvair-se constante de tudo aquilo que lhes permitia reconhecer-se afirmativamente como homens. E nem todo o amparo familiar, quando este existe, é suficiente para estancar essa sangria. É que a dimensão do trabalho não é essencial apenas para o ganha-pão, como deixaram claro quase todos com quem conversei. "O que se come no trabalho é mais gostoso", não apenas porque está garantido um mínimo de dinheiro, mas porque, trabalhando, o ser humano reafirma-se. E não adianta insistir na ideia de que organizar a casa é da mesma natureza que cumprir uma função no mundo social mais amplo, cujo eixo está sempre do outro lado da porta da casa.

Freud afirmava que a saúde psíquica sustenta-se sobre dois pilares: o amor e o trabalho. Manca de um, a família não apenas desequilibra-se, como também é no mais das vezes incapaz de clonar em seu interior a reconstituição desse pilar. Se bem que, muitas vezes, a coluna do amor pode passar a ser vivida como sendo o trabalho dos membros para conter as desventuras e amarguras de quem foi deixado de fora ou expelido do mundo do trabalho. De qualquer forma, os outros membros trabalham para suportar aquele que perdeu o trabalho. E um desempregado em casa será sempre um desempregado em casa, ainda que pinte paredes, arrume o telhado, lave louça, cuide dos filhos, cozinhe etc. Nada disso substitui o mundo do trabalho. Muitos autores, como Gorz (1987) e Offe (1985), afirmam que, na contemporaneidade, o mundo do trabalho perdeu sua centralidade na vida das pessoas. Ter-se-ia dado no mundo do trabalho um processo em que o ser humano estaria, durante grande parte do tempo, dispensado da produtividade. As máquinas trabalhariam por si sós, a produção aconteceria enquanto as pessoas ficassem recolhidas à fruição de produtos culturais, lazer e afazeres pessoais. É verdade que se tem tentado inventar um novo ser humano. E é verdade que o ser humano é capaz de desdobramentos transformadores incríveis, como mostra a História. Mas na realidade do nosso Brasil e, mais especificamente, na das populações que lutam pela sobrevivência diária, sem ter garantido sequer o teto, o alimento, a saúde, a vestimenta e a educação dos filhos, soa estranho todo esse debate tão presente em países do Primeiro Mundo sobre a substituição do trabalho por outras formas de viver. O que as pessoas que escutei buscam desesperadamente é trabalho, porque, para elas, o trabalho é o lugar da própria afirmação de suas existências. Sylvia Leser de Mello (1988) mostra, em *Trabalho e sobrevivência: mulheres do campo e da periferia de São Paulo* – fruto de uma longa escuta de mulheres que trabalhavam como empregadas domésticas, todas elas moradoras da Vila Helena, um bairro da periferia de São Paulo, e oriundas da mesma região rural de Minas Gerais –, como o trabalho ocupava um lugar tão central que, de acordo com a autora, confundia-se com a própria vida. O trabalho, para as entrevistadas, era a forma de resistir às desesperanças, de afirmar a continuidade da vida. "Porque trabalhar é mais do que sobreviver: de certo modo, é colocar as coisas no lugar, arrumar o mundo, dar ordem nas circunstâncias, que, de outra maneira, seriam devastadoras" (p. 168). E mais, para essas mulheres, trabalhar era opor-se à desesperança:

> *se o trabalho é a resposta de que dispõem para enfrentar* [os conflitos], *é porque não se permitem mergulhar na desesperança. Elas conhecem bem demais, porque convivem diariamente com ele, o caminho que pode tomar a desesperança. Acompanharam passo a passo a destruição de seres humanos. Viram o último reduto de dignidade, o orgulho pobre e secreto de ser capaz de vencer as dificuldades, ser invadido pela bebida, pela doença mental, pela violência. (p. 187)*

Nós podemos, pela nossa experiência, ampliar as reflexões de Sylvia Leser para todo o conjunto de pessoas com quem trabalhamos, homens e mulheres. O trabalho que elas demandam reiteradamente não é apenas o meio de ingresso de um dinheiro miúdo, mas a própria afirmação da existência delas. Buscam trabalho porque se amarram à vida e só conseguem se ver fazendo parte da vida trabalhando. É mais do que um equilíbrio psíquico que está em jogo aqui. É a própria existência. É a vida que só é vida quando também se trabalha. O trabalho é o legítimo território do estreito laço que existe entre a vida psíquica e a realidade sociopolítico-econômica, porque, no circuito da família, o espaço de socialização contrai-se de tal maneira que essa realidade mais ampla, a dimensão sociopolítico-econômica, tende a esvair-se. Trabalhando, ocupa-se um espaço que legitimamente é o lugar da sociabilidade, o nexo entre eles e a vida.

Referências

Bosi, E. (1973). *Cultura de massas e cultura popular: Leituras de operárias.* Vozes.

Castel, R. (1997). Da indigência à exclusão, à desfiliação: precariedade do trabalho e vulnerabilidade relacional. *Saúde e Loucura, 4,* 21-48.

Dew, M. A. (1991). Effects of unemployment on mental health in the contemporary family. *Behavior Modification, 15*(4), 501-544.

Donzelot, J. (Org.). (1991). *Face à l'exclusion: Le modèle François.* Éditions Esprit-Le Seuil.

Dejours, C. (1999). *A banalização da injustiça social.* FGV.

Feitosa dos Santos, J. B. (2000). *O avesso da maldição do Gênesis: A saga de quem não tem trabalho.* Annablume.

Freud, S. (1974). O mal-estar na civilização. In *Edição standard das obras psicológicas completas de Sigmund Freud* (Vol. XXI). Imago. (Trabalho original publicado em 1930).

Gorz, A. (1987). *Adeus ao proletariado: Para além do socialismo.* Forense Universitária.

Hoffman, W. (1991). Initial impact on plant closings on automobile workers and their families. *Families in Society, 72*(2), 103-107.

Jahoda, M. (1987). *Empleo y desempleo.* Ediciones Morata.

Jones, L. (1991). Unemployed fathers and their children: Implications for policy and practice. *Child and Adolescent Social Work Journal, 8*(2), 101-116.

Lasch, C. (1991). *Refúgio num mundo sem coração – A família: Santuário ou instituição sitiada?* Paz e Terra.

Mandelbaum, B. (2004). *O desemprego em situação: Esboços de estruturação de uma clínica social.* IP/USP. http://www.teses.usp.br/teses/disponiveis/47/47134/tde-12012007-162027.

Mello, S. L. (1988). *Trabalho e sobrevivência: Mulheres do campo e da periferia de São Paulo.* Ática.

Offe, C. (1985). Trabalho: Categoria sociológica chave? In C. Offe, *O capitalismo desorganizado*. Brasiliense.

Price, R. H. (1992). Psychosocial impact of job loss on individuals and families. *Current Directions in Psychological Science, 1*(19), 9-11.

Schwebel, M. (1997). Job insecurity as structural violence: Implications for destructive intergroup conflict. *Peace and Conflict. Journal of Peace Psychology*, *3*(4), 333-351.

7. Sobre Kaspar Hauser, Édipo e Abraão: famílias de origem

O familiar demarca um espaço. Oferece-se à maneira de uma moldura, de um traçado que delimita com maior ou menor espessura, com maior ou menor porosidade, o contexto do existir humano. Cada homem sempre soube discriminar o que lhe é familiar do que lhe é estranho. E por "familiar" não se promova uma restrição em relação ao que é hostil ou ameaçador. No interior do território familiar, até mesmo o hostil ganha uma representação, um lugar na teia de significados que a visão de mundo sempre urdida em casa tece ao longo das gerações. Comecemos pelos desfamiliarizados. Quem são? O abandono lhes é inerente. Não é que saíram de casa – casa, aliás, que é uma representação do familiar, com os limites de suas paredes, teto e chão –, mas lhes faltou uma casa.

Kaspar Hauser (1812?-1833) pode ser uma figura emblemática. Não lhe falta propriamente humanidade. A figura humana se sustenta. E as necessidades humanas também demandam imperiosamente, fazendo parte do corpo que ele é. Kaspar Hauser passou quase toda a sua vida – até os 16 anos – dentro de uma caixa de madeira de dois metros de comprimento por um de largura e um e meio de altura. Dormia ali sobre um colchão de palha, e ingeria pão e água. Enquanto ele dormia, alguém trocava-lhe as roupas, cortava-lhe as unhas e deixava-lhe comida. Não via a luz, nem via outro ser humano, à exceção de um homem que, certa vez, entrou ali para ensinar-lhe a escrever seu nome e dizer a única frase que sabia quando chegou caminhando sozinho à cidade de Nuremberg: "Quero ser cavaleiro, como meu pai". Chegou ali portando um bilhete endereçado a um capitão do exército e foi encontrado por um sapateiro, que o levou até a casa do capitão, que o adotou. Aos poucos, aprendeu algumas frases, o que lhe permitiu relatar fragmentariamente, aos muitos interessados que vieram conhecê-lo, o seu passado. Mas a falta de introjeção de uma língua que fosse pertinente a um coletivo maior limitava espantosamente suas possibilidades de troca com os outros. Não que anteriormente ele fosse despossuído de qualquer linguagem – no homem isso não se dá. As demandas pulsionais e afetivas sempre acabam por criar algum tipo de educação sentimental, que é sempre uma linguagem, uma gramática, um modo de comunicação. Kaspar chorava como um bebê e surpreendia-se com pessoas e coisas, como se os visse pela primeira vez. Seu drama é que experimentava a si próprio incompetente para apresentar com eficácia, isto é, com sentido, os gestos com os quais exprimia sua linguagem. Lembramos de Kaspar Hauser para trazer à cena uma situação-limite na qual o território da familiaridade reduz-se a si próprio e em que o estranho se instaura sobre todos os outros. O familiar, no caso de Kaspar Hauser, reduz-se à experiência de si mesmo.

Se fiz esse recorte para pensar a construção da família na história cultural foi, essencialmente, para salientar a ideia de que a familiaridade, aquilo que chamamos de "familiar", é antes de mais nada uma espécie de constituição de fronteiras, de delimitações que aferem valores e funções para a estruturação da vida social. Nesse sentido, o familiar é o núcleo a partir do qual a vida social é fundamentada e legitimada no interior das civilizações humanas. Assim, naquilo que reconhecemos como textos fundantes de diversas culturas, o epicentro sobre o qual se constroem essas narrativas são as cenas familiares. Como se todo o macrocosmo social fosse uma irradiação ou uma projeção de um espetáculo familiar mais restrito, que funcionaria como uma cena de origem para o esclarecimento de por que as coisas são como são e o reconhecimento dos limites e possibilidades da ação dos seres humanos no campo social, visando à manutenção e à perpetuação desse grupo social história adentro. Toda a história dos começos é, de algum modo, uma história familiar. Assim, as narrativas da criação têm um substrato de histórias familiares. Os mitos põem em cena estruturas familiares, narrando a origem das coisas por meio de lutas, alianças e relações sexuais entre forças sobrenaturais que governam o mundo e o destino dos seres humanos, e sempre está implícita uma relação de familiaridade entre as forças criadoras e a matéria criada a partir delas. Entre a criação e as forças criadoras se estabelece uma proximidade que se pode associar facilmente à paternidade ou à maternidade.

Como os mitos sobre a origem do mundo são genealogias, diz-se que são cosmogonias e teogonias. A palavra *gonia* vem de duas palavras gregas: do verbo *gennao* ("engendrar", "gerar", "fazer nascer e crescer") e do substantivo *genos* ("nascimento", "gênese", "descendência", "gênero", "espécie"), significando, assim, "geração, nascimento a partir da concepção sexual e do parto". *Cosmos* quer dizer "mundo ordenado e organizado". Assim, a *cosmogonia* é a narrativa sobre o nascimento e a organização do mundo a partir de forças geradoras divinas, e a *teogonia* é uma narrativa sobre a origem dos deuses a partir de seus pais e antepassados. Na *Teogonia* de Hesíodo, as forças geradoras que estavam na origem eram quatro: Caos, Terra, Tártaro e Eros. Jaa Torrano (Hesíodo, 1995), no estudo que precede sua tradução da *Teogonia*, explica que as forças geradoras criam através de dois mecanismos: o encontro amoroso e a cissiparidade. Eros é a força que preside a união amorosa, Caos é o que força a separação. A imagem evocada pelo nome *Eros* é a da união do par de elementos masculino e feminino e a resultante procriação de sua descendência. A imagem evocada pelo nome *Caos* é a de um bico de ave que se abre, fendendo em dois o que era um. Eros cria por união e Caos por cissiparidade, por divisões. E são justamente esses atos criadores, esse desdobrar-se num outro que é gerador tanto da diversidade quanto da continuidade, que alocam os relatos da criação na narrativa de uma cena familiar.

Na *Teogonia*, os primeiros seres nascem por cissiparidade. Uma figura de potência originária biparte-se; da Terra nasce o Céu: "Terra primeira pariu igual a si mesma/ Céu constelado, para cercá-la toda ao redor". E de um coito com o Céu, a Terra pariu o "oceano de fundos remoinhos" e mais outras dez crias, dentre as quais a Memória, até gerar "Cronos de curvo pensar", que foi "filho o mais terrível: detestou o florescente pai". Nesse relato mítico, em que as forças criadoras no princípio emparelham-se mais com a natureza e com os aspectos desejantes humanos, a narrativa opera tendo como pano de fundo um drama familiar. Isso porque o que sucede entre Céu e Terra e as criaturas que de ambos emergem, apesar de abarcar quase a totalidade das dimensões da existência tanto no que diz respeito ao aspecto físico quanto ao metafísico, cabe no interior de uma cena familiar. Céu, denominado *pai*, "detesta" os seus filhos: "Tão logo cada um deles nascia, todos ocultava, à luz não os permitindo". E Terra "por dentro gemia". Assim, o subtexto sobre o qual se narra toda essa cena de origem é o de uma mãe comovida pela sorte de seus rebentos e de um pai que, ameaçado, torna-se violento. Ou seja, a narrativa se suporta sobre uma rede de explicações e causalidades do complexo e dramático intercâmbio de sentimentos familiares, da qual vem emergir também uma moralidade de justiça distributiva – a violenta ação do pai é vingada pela ação do filho Cronos, que, em parceria secreta com a magoada mãe Terra e escondido nas entranhas dela, ceifa o pênis paterno quando o grande Céu constelado, "desejando amor, sobrepairou e estendeu-se a tudo". Freud (1913/1976) explicaria posteriormente, projetando a compreensão psicanalítica sobre achados antropológicos, em particular de Frazer, que a violência desse pai poderia ter como origem o temor de uma disputa com os filhos e de ver usurpado seu lugar de potência maior. Assim, no mito psicanalítico erguido por Freud – seu relato da criação –, a Lei teria como nascedouro a tentativa de estabelecer uma ordem reparatória que regularizasse o terrível e implacável combate sem fim entre pais e filhos pelo poder – responsável, para utilizar os termos de Freud, pelo assassinato do pai da horda primitiva e gerador de uma operação de luto da qual veio emergir uma matriz reguladora cujas fronteiras intransponíveis, denominadas *tabu*, passaram a garantir uma estabilidade dos membros em suas diferentes funções, estruturando o que viria a ser algo como um núcleo familiar primordial, no qual o útero da mãe fica reservado para as potências criadoras de seu par, sendo-lhe vedado o acesso às potências criadoras de seus filhos.

Como resultado da castração do Céu, cujos "salpicos respingaram sanguinhos, a Terra, que a todos recebeu, gerou entre outros seres as Erínias duras", essas divindades que zelam pelo sangue familiar, não deixando impune aquele que derrama o sangue de seus progenitores. E é justamente a ação dessas divindades que a tragédia *Oresteia*, de Ésquilo, colocará em questão. Também nas tragédias, nesses mistérios celebrados em honra de Dionísio, em que são poetizadas tragicamente as inquietações relativas ao destino, o campo familiar transforma-se no território privilegiado para a exploração do complexo interjogo dos seres humanos e das divindades na tentativa de desvendar os desígnios do Olimpo e buscar uma solução de compromisso entre os modos de funcionar da lógica divina e o modo do acontecer humano. E, mais uma vez, lembremos Freud, que, ao reler a tragédia de Sófocles, encontrou nela o espaço para conter alguns dos principais elementos de seus achados, que, como bem sabemos, implicam sempre uma vida familiar. Se ele assim pôde operar, retomando um texto de aproximadamente 2.300 anos num contexto totalmente diferente, é exatamente porque no interior da tragédia encerra-se um drama familiar capaz de significar com intensidade emotiva para além do contexto sociocultural em que a própria tragédia encontra-se circunscrita. Para além do drama advindo da relação entre as contradições da justiça divina e dos anseios humanos, é o núcleo do intenso entrechoque emocional carregado de contradições entre os membros de uma família que permitiu essa releitura da tragédia de Sófocles e a reelaboração de Édipo num complexo capaz de apontar para o miolo do drama humano, desta vez destituído de seus vínculos com o sagrado, tais como compreendidos pelo mundo grego, e integrados a uma compreensão que encontra na tragédia a figuração propícia para pôr de manifesto a dinâmica pulsional que está em jogo no processo de humanização de cada ser humano, processo este que Freud posicionou no interior de uma cena familiar, a qual é sempre dotada das potencialidades necessárias para fazer sucumbir ou desenvolver cada pessoa, isto é, que ele ou ela adoeça profundamente ou que promova seu desenvolvimento.

Vernant (1977), estudioso da tragédia grega, é crítico da leitura psicanalítica de *Édipo* por achar que se trata de uma descontextualização da narrativa – para ele, o contexto original da tragédia não se situa em torno das obras, mas é subjacente ao próprio texto, à maneira de um subtexto "que uma leitura erudita deve decifrar na própria espessura da obra" –, uma vez que essa leitura da tragédia a retiraria de um "contexto mental, de um universo humano de significações, categorias de pensamento, tipos de raciocínio, sistemas de representações, de crenças, valores, formas de sensibilidade, enfim, de tudo aquilo que vem a compor o mundo espiritual dos gregos no século V a.C." (p. 55). É importante salientar que, para esse autor, a tragédia enquanto texto não seria algo como um reflexo de um domínio espiritual que já existisse de forma acabada independente dela. Para ele, o universo espiritual tem como fonte as diversas práticas que o ser humano desenvolve e renova continuamente no campo da vida social e da criação cultural. Assim, o universo espiritual da religião encontra-se plenamente presente nos ritos, nos mitos, nas representações figuradas do divino. A tragédia, mais do que refletir uma realidade, elabora e produz um mundo espiritual, que, no caso, é o da consciência trágica, ou seja, põe em cena tudo aquilo que faz ruir, em direção à catástrofe, as virtudes da moderação, da reflexão e do autodomínio que constituem o ser político, entregando-o ao ódio fraterno, à loucura assassina, como se tratasse de uma força demoníaca, uma penetração de um deus que se apossa do íntimo cuja perdição foi decidida no Parthenon divino, força sinistra que Vernant resume na palavra grega *daímon*. Para ele,

> *a todo momento, a vida do herói se desenrola como que sobre dois planos que a tragédia visa apresentar como inseparáveis um do outro: cada ação aparece na linha e na lógica de um caráter, de um ethos, no próprio momento em que ela se revela como a manifestação de uma potência do além, de um* daímon*... para que haja tragédia, o texto deve significar ao mesmo tempo: no homem, o que se chama* daímon *é o seu caráter – e inversamente: no homem, o que se chama caráter é realmente um demônio... Na perspectiva trágica, o homem e a ação se delineiam não como realidades que se poderiam definir ou descrever, mas como problemas, enigmas cujo duplo sentido não pode nunca ser fixado nem esgotado. (pp. 15-16)*

Em algumas tragédias, a família é o cenário propício para pôr em ação essa tensão conflitiva e que escapa a qualquer síntese conciliatória entre o que seria a resolução de uma vida pessoal a partir de decisões e opções livres de toda a coação imposta pelos deuses e um destino traçado por uma coerção exterior, que é também algo como uma determinação interna que suscita uma ação da personagem no interior de uma mecânica que, por assim dizer, parece arrastá-lo a um estado de coisas do qual o herói trágico não pode ou não consegue se descolar. Nesse contexto, os laços de família funcionam em perfeita ressonância com a vida trágica. Entre as demandas e intenções de realização de cada personagem e as demandas que o laço familiar impõe sobre cada um e uma, cria-se essa confluência de forças que permite dar vazão ao conflito trágico. Não que a tragédia propriamente dita ponha em cena a família, mas o modo como esse mundo espiritual é encenado permite fazer da vida em família o campo onde o político, o religioso e o mítico repercutem por inteiro. Por isso, podemos ler e ficar impactados com a tragédia, mesmo se a abstrairmos de seu contexto ideológico.

Tomemos agora outra narrativa fundante da história da criação do mundo e dos seres humanos – o relato bíblico, que tem um forte "pé" na vida humana tal como ela se deu e se dá na História. Os achados arqueológicos nas regiões do Oriente Próximo mostram fortes ressonâncias entre o *topos* do relato bíblico e a cultura, o cotidiano e a visão de mundo dos seres humanos do período e dos lugares abarcados por esse relato. A narrativa bíblica se pretende histórica e apresenta seres humanos que se transformam no suceder da História. Grande parte dos relatos do livro de Gênesis apresenta dilemas morais vividos em família e o modo de lidar com eles. Não estamos aqui diante de uma família mítica, como a de Édipo, por exemplo, ou pelo menos a distância entre o acontecer da vida desse período e a descrição das sagas patriarcais é mais próxima e, portanto, menos elaborada miticamente do que nos mitos gregos. Pressentimos o acontecer histórico penetrando a superfície porosa da narrativa bíblica e agilizando profundamente as personagens que estão implicadas.

Tomemos Ulisses como contraponto do que estamos dizendo, tal como o fez Auerbach (1976). Ulisses não se transforma através dos acontecimentos que o implicam, mantendo-se o mesmo astucioso de sempre, portador de uma ferida que nada desfigura, independentemente do suceder da história. Ao contrário, assim como os demais patriarcas, Abraão é transformado, para o bem ou para o mal, de acordo com seu agir, entre os seres humanos e a Vontade Divina. Ele se insere na história, e a história o transforma. Dos dilemas morais presentes no relato bíblico e que se dão de modo intenso no interior da vida familiar, participam – se assim puder me expressar – seres demasiadamente humanos: patriarcas enganosos e mulheres ambiciosas, imbricados em graves intrigas familiares. É desse substrato que os patriarcas devem se erguer, e eles têm como tarefa pessoal superar-se. Essa é a lição que o texto, a todo momento, lança a seus leitores. A narrativa é tão singular que Harold Bloom (1992) não hesitou em imaginar uma autora como a origem da voz narrativa dessas passagens bíblicas, grande parte das quais é composta pelo relato da dramática vida dos patriarcas e matriarcas em família. Aqui, não são apenas as nações que ganham um espelho para se contemplar, mas é a vida em família – o núcleo mais íntimo que nos acolhe e dentro do qual sofremos o processo de aculturação que nos transforma em homens e mulheres – que ganha, mais do que um espelho, uma cena originária. Antes de Freud, a Bíblia já explicava, narrando. É importante salientar que esse processo de transformação ao qual os patriarcas e matriarcas estão submetidos na narrativa torna esta um drama, e não uma tragédia. Ou seja, *a priori* nenhuma personagem tem seu destino estabelecido independentemente de sua ação entre os outros seres, como é o caso de Édipo, que, na tragédia, se vê engolido pelo próprio destino, sejam quais tenham sido suas tentativas de desatar-se dele. Aqui, na Bíblia, a vida apresenta-se aberta para o dramático embate de cada um consigo próprio. E é a partir desse embate que se realiza, como rastro deixado *a posteriori*, o destino da andança pessoal. Destino é o passado, a origem que foi possível construir. Futuro é só a história que a semente de cada um(a) adentra, portando o passado como referência.

Hoje – e já há muito tempo –, a tragédia grega e o relato bíblico operam como referências para o dilaceramento dos seres humanos entre o destino a que estamos reservados antes de tudo por nossas histórias de família e a possibilidade de construção de uma história pessoal e coletiva num futuro em aberto, no qual adentramos portando nosso passado como referência. Entre o familiar e o desconhecido, nos limites que podemos cruzar.

Referências

Auerbach, E. (1976). A cicatriz de Ulisses. In *Mimesis*. Perspectiva.

Bloom, H. (1992) *O livro de J*. Imago.

Freud, S. (1976). Totem e tabu. In *Edição standard das obras psicológicas completas de S. Freud* (Vol. XIII). Imago. (Trabalho original publicado em 1913).

Hesíodo. (1995). *Teogonia* (Jaa Torrano, trad.). Iluminuras.

Vernant, J. P. (1977) Tensões e ambiguidades na tragédia grega. In J. P. Vernant & P. Vidal-Naquet, *Mito e tragédia na Grécia Antiga*. Duas Cidades.

8. De duas cartas de Kafka à sua irmã Elli sobre a educação de crianças[1]

Para Elli Hermann

[Praga, outono de 1921]

1.

. . . Tenho a meu favor (entre muitos outros) um grande testemunho, que cito aqui justamente porque é grande e porque acabei de lê-lo ontem, e não porque eu ouse ter a mesma opinião. Diz Swift, em sua descrição da viagem de Gulliver a Lilliput (cujas instituições ele muito elogia):

1 Tradução minha e de Enrique Mandelbaum, feita a partir das versões espanhola [Brod, M. *Kafka*. (1982). Alianza Editorial] e inglesa [Kafka, F. (1977). *Letters to friends, family and editors*. Schocken Books] e cotejada com o original em alemão [Kafka, F. (1998). Briefe. In *Gesammelte Werke in Acht Bänden. Herausgegeben von Max Brod*. Fischer Taschenbuch Verlag]. Originalmente publicada na revista *Psicologia USP, 13*(2), 2002, número temático *Família*, sob minha organização.

> *Os conceitos acerca das obrigações entre pais e filhos diferem completamente dos nossos. Dado que a união de homens e mulheres funda-se na grande lei da natureza, a fim de dar continuidade e perpetuar a espécie, os lilliputianos afirmam que homens e mulheres se unem unicamente por este motivo, e que a ternura para com os filhos seria resultado do mesmo princípio natural. Por isso, eles nunca permitirão que um filho tenha qualquer obrigação em relação a seus pais, pelo fato de o terem trazido ao mundo, o que, além do mais, não constituiria nenhum benefício, se considerássemos as misérias da vida humana. Nem os pais buscaram tal fim, uma vez que pensavam em coisas totalmente diferentes em seus encontros amorosos. Por essas e outras razões, eles opinam que, entre os seres humanos, é aos pais a quem menos se deve confiar a educação dos filhos.*

Com isso, ele obviamente quer dizer, em total acordo com a distinção que você faz entre "pessoa" e "filho", que o filho, se há de chegar a ser uma pessoa, deve ser retirado o quanto antes da animalidade – como ele (Swift) o diz, da relação puramente animal a partir da qual ganhou existência.

Você mesma reconhece que, em sua hesitação, há certa dose de egoísmo. Mas esse egoísmo não é, de certo modo, prejudicial a você mesma? É como se você, por exemplo, não quisesse, durante o verão, entregar os casacos de inverno ao peleteiro por sentir que, ao recebê-los de volta no outono, eles lhe seriam intimamente estranhos, enquanto se, por causa disso, você própria os guardasse, ao chegar o outono eles lhe pertenceriam por inteiro, tanto íntima quanto externamente, embora comidos pelas traças. (Acredite-me que não estou falando maldosamente – de verdade não –, é apenas um exemplo que encontrei à mão).

É assim que vejo suas reflexões. Eu poderia reconhecer apenas um argumento contrário aos meus, mas você não o menciona. Talvez você o tenha em mente. É este: que valor pode ter o meu conselho a respeito da educação dos filhos dos outros, se eu mesmo nunca estive em condições de aconselhar-me sobre como ter meus próprios filhos? Esse argumento é irrefutável e me atinge por inteiro, mas, por melhor que seja, creio que atinge mais a mim do que a este meu conselho. Não atribua o meu conselho ao fato de ele ter vindo de mim.

2.

. . . O principal em Swift não é o que você aponta (os filhos não devem ser gratos aos pais por sua existência). Na realidade, ninguém afirma isso tão ao pé da letra. O peso principal recai sobre a última sentença: "Dentre todos os seres humanos, é aos pais a quem menos se deve confiar a educação dos filhos". Com certeza, é essa a frase mais representativa no argumento dele, dito muito concisamente; por isso, tratarei de explicá-la a você mais extensamente, ainda que, lhe repito, trate-se unicamente da opinião de Swift (que, a propósito, era pai de família). Minha própria opinião tende na mesma direção, embora não me atreva a ser tão taxativo.

Swift opina que, em princípio, toda família representa somente uma organização animal, em certa medida um organismo único, um fluxo sanguíneo único. Por isso, por estar referida a si mesma, não pode sair de si, não pode criar exclusivamente a partir de si nenhum indivíduo novo, e, se o tenta através de uma educação familiar, isso é uma espécie de incesto espiritual.

A família é, assim, um organismo, mas um organismo complicado e extremamente desequilibrado. Como todo organismo, a família também aspira continuamente ao equilíbrio. Na medida em que essa aspiração ao equilíbrio se dá entre pais e filhos (o equilíbrio dos pais entre si não vem ao caso), a isso se chama educação. Por que se chama assim é algo incompreensível, pois não tem nem vestígios de uma educação verdadeira, ou seja, do desenvolvimento sereno, desinteressado e afetuoso das aptidões de um homem em sua evolução, ou simplesmente a tolerância tranquila a um desenvolvimento independente. Em vez disso, trata-se de uma tentativa convulsiva de equilibrar um organismo animal condenado a muitos anos de desequilíbrio; para diferenciar esse organismo do indivíduo, isto é, do animal humano, podemos chamá-lo de *animal familiar*.

A causa da impossibilidade imediata de se alcançar um equilíbrio justo (pois só um equilíbrio justo é um equilíbrio verdadeiro, um equilíbrio estável) dentro desse animal familiar é a desigualdade das partes, ou seja, a monstruosa superioridade do casal diante dos filhos, que perdura por anos. Os pais se atribuem, durante a infância de seus filhos, o direito exclusivo de representar a família, não somente no exterior, mas também em sua organização interna espiritual. Assim, retiram de seus filhos, passo a passo, o direito à personalidade própria e podem chegar a lhes anular a capacidade de desenvolver positivamente esse direito; é uma desgraça que, com o tempo, pode vir a pesar não menos sobre os pais do que sobre os filhos.

A diferença essencial entre a educação verdadeira e a educação familiar é que a primeira é uma questão humana e a segunda é uma questão familiar. Todo homem tem seu lugar na humanidade ou, pelo menos, a possibilidade de sucumbir a seu modo; porém, na família, confinada pelos pais, somente têm seu lugar homens totalmente determinados que respondem a exigências totalmente determinadas e, mais ainda, aos termos ditados pelos pais. Se não respondem a esses imperativos, não são expulsos – o que seria muito bom, mas isso é impossível, pois sabemos que se trata de um organismo –, mas são amaldiçoados ou destruídos, ou ambos ao mesmo tempo. Essa destruição não é corporal, como na mitologia grega (Cronos devorava seus filhos, é o mais temido dos pais), mas talvez Cronos preferisse esse método aos habituais de então, movido precisamente pela piedade por seus filhos.

O egoísmo – autêntico sentimento paterno – não conhece limites. Até mesmo o maior amor dos pais é, em relação à educação, mais egoísta que o menor dos amores do educador pago. Não é possível ser de outra forma. Os pais não são livres diante de seus filhos como um adulto o é diante de uma criança, porque se trata, no primeiro caso, de laços de sangue, do próprio sangue. Há, além disso, outra grave complicação: o sangue de cada um dos pais. Se o pai (e o mesmo se dá com a mãe) "educa", ele encontra no filho coisas que já odiou em si mesmo e não pôde dominar, mas que agora espera seguramente dominar, já que a débil criança parece estar mais em seu poder do que ele próprio. E é assim que ataca com furor cego, sem aguardar o desenvolvimento, o homem em evolução, a fim de extirpar o elemento nocivo. Ou reconhece com susto que, por exemplo, algum traço que ele considera de destaque seu e que, portanto (portanto!), não deveria faltar na família (na família!) falta na criança, e põe-se a martelá-lo nela; o consegue, mas ao mesmo tempo malogra, porque, além disso, martela a criança. Outro exemplo: encontra no filho traços que amou em sua mulher, mas que ele odeia na criança (a quem ele confunde continuamente consigo próprio; todos os pais o fazem); assim, pode-se amar muito os olhos azul-claros da própria esposa e sentir a maior repugnância em ter, de repente, a própria criança esses olhos. Outro exemplo: encontra no filho traços que ama em si mesmo ou que anseia ter e considera necessários à família. Nesse caso, todos os outros traços do filho lhe são indiferentes, só vê nele o que é amado, atrela-se ao amado, humilha-se à posição de seu escravo, ele o destrói por amor.

Tais são os dois meios educativos nascidos do egoísmo dos pais: a tirania e a escravidão, em todas as suas gradações. A tirania pode expressar-se de maneira muito suave ("Você deve acreditar-me, porque sou sua mãe") e a escravidão pode adotar uma forma muito orgulhosa ("Você é meu filho, por isso farei de você um salvador para mim"); porém, ambos são meios de educação terríveis, são meios de *antieducação*; só servem para esmagar a criança contra o solo de onde ela veio.

Os pais sentem por seus filhos um amor animal, irracional, que continuamente se confunde com a criança. O educador, ao contrário, presta atenção à criança, e isso é, num sentido educativo, incomparavelmente melhor, ainda que não intervenha amor algum. Repito: num sentido educativo. Pois qualificar o amor dos pais como *animal* e *irracional* não é em si uma subestimação; o amor dos pais é um mistério tão impenetrável quanto o amor racional e fecundo do educador; e tratando-se apenas do sentido educativo é que essa subestimação nunca é suficientemente grande.

Quando N diz que ela é como uma galinha, tem toda razão. No fundo, toda mãe o é, e para aquela que não é, cabem duas possibilidades: ou é uma deusa ou um animal aparentemente doente. Mas ocorre que a galinha N não quer ter pintinhos, mas seres humanos; por isso, não deve educá-los sozinha.

Repito: Swift não pretende aviltar o amor dos pais; chega a considerá-lo, sob certas circunstâncias, forte o bastante para proteger os filhos justamente desse mesmo amor dos pais. Uma mãe que, numa poesia qualquer, resgata seu filho das garras de um leão poderia defender seu filho de suas próprias mãos? E o faria sem recompensa ou, o que é mais certo, sem a possibilidade de uma recompensa? Em outro livro escolar de poesias que você certamente conhece, consta que um peregrino, após muitos anos, regressa à sua aldeia natal e ninguém o reconhece, a não ser sua mãe: "Mas o olho materno o reconheceu". Esse é o verdadeiro milagre do amor materno, e aqui há expressa uma grande sabedoria, mas somente pela metade, pois falta agregar que, se o filho tivesse permanecido em casa, ela não o teria reconhecido jamais, que permanecer sentada cotidianamente junto ao filho teria feito com que este se lhe tornasse completamente desconhecido e que, então, teria ocorrido o contrário do que diz a poesia, isto é, qualquer um o teria reconhecido melhor do que ela. (Claro que, nesse caso, ela não teria que reconhecê-lo, já que ele nunca teria regressado a ela.) Talvez você diga que o peregrino foi-se pelo mundo após ter completado 11 anos, mas eu sei com toda certeza que ainda faltavam alguns meses para que completasse 10.[2] Ou, dito de outro modo, não se tratava de uma mãe que avidamente quisesse tomar para si a responsabilidade e as alegrias e, o que talvez seja ainda pior, quisesse compartilhar as dores (não se deve possuir nada por inteiro!); não se tratava de uma mãe que tomasse para si a responsabilidade de ser salva pelo filho e que tinha, "portanto", confiança nele (a desconfiança é própria dos habitantes de Praga; além do mais, tanto a confiança como a desconfiança acarretam riscos por igual, mas, além disso, a desconfiança em si própria é um risco) e, por isso mesmo, tinha sido salva pelo retorno de seu filho à casa. (Contudo, talvez desde o início, seu perigo não tenha sido tão grande, já que não se tratava de uma mulher judia de Praga, mas de uma católica devota de Estiria.)

O que resta fazer, então? Segundo Swift, há que separar os filhos de seus pais, isto é, o equilíbrio de que necessita o animal familiar deve ser alcançado inicialmente de forma provisória; ao

---

2 Kafka refere-se aqui ao filho da destinatária da carta, que ainda não havia completado 10 anos.

afastar os filhos, adia-se por um tempo o equilíbrio definitivo, até que, já independentes de seus pais, eles lhes sejam equivalentes em força corporal e espiritual e tenha chegado a época do equilíbrio verdadeiro e amoroso, ou seja, aquilo que você chama de "salvação" e outros chamam de "gratidão dos filhos" e encontram tão raras vezes.

De outro lado, Swift sabe marcar os limites e não considera absolutamente necessário separar os filhos da gente pobre. Pois, no caso da gente pobre, o mundo e a vida do trabalho penetram de certo modo irremediavelmente em seus casebres (como, por exemplo, no caso do nascimento de Cristo, em cujo estábulo exposto às intempéries estavam presentes todo mundo, os pastores e os Reis do Oriente); nos casebres dos pobres, o mundo impede que penetre o ar denso, envenenado e destruidor de crianças que vicia as residências familiares belamente instaladas.

Tampouco nega Swift que, sob certas circunstâncias, os pais possam formar uma excelente unidade educativa, mas apenas para crianças alheias. Essa é, mais ou menos, minha interpretação da passagem de Swift.

9. A família de Kafka ou da educação de crianças no interior de um organismo animal[1]

Enrique Mandelbaum e Belinda Mandelbaum

No outono de 1921, Kafka envia duas cartas para sua irmã Elli Herrmann, nas quais, dentre outros assuntos, aborda a questão da educação dos filhos. Quando Max Brod copiou das cartas que estavam em posse da irmã de Kafka os trechos aqui transcritos, omitiu passagens que considerou menos importantes. Após a Segunda Guerra Mundial, Brod quis restaurar as cartas por inteiro, mas descobriu que os originais haviam desaparecido. Tudo o que restou foram essas incríveis passagens, fragmentos de um todo maior que, ao serem retirados por Brod das cartas de que eram partes constitutivas, tiveram o mérito de sobreviver à destruição nazista, que consumiu milhões de homens, mulheres e seus objetos pessoais.

A ideia de que se devam extrair os filhos de seu núcleo familiar para promover sua educação não é nova, tampouco é a essência do que Kafka insinua nesses fragmentos. No final do século XVI, Montaigne, no capítulo XXVI do Primeiro Livro de seus *Ensaios – Da educação das crianças*, já assinalava que "quem quiser fazer do

1 Texto originalmente publicado na revista *Psicologia USP, 13*(2), 2002.

menino um homem" deve levar em consideração que "a presença dos pais é nociva à autoridade do preceptor, a qual deve ser soberana" (p. 83).

A família sempre foi o lugar privilegiado para o acolhimento das crianças em seus primeiros dias e anos de vida. Mas também é bastante arraigada a desconfiança de que a família seja capaz de percorrer com eficácia todo o caminho que leva do menino e da menina ao homem e à mulher. O familiar é o suporte sobre o qual a história cultural dos seres humanos se constrói. Mas quem quiser participar ativamente dessa história deve ser capaz de atravessar a insidiosa membrana familiar e tornar-se parte do espaço público, lugar legítimo da construção humana, incluindo nesta a própria constituição de um novo núcleo familiar.

Em princípio, como sugerimos, parece que é na educação das crianças que Kafka está pensando ao escrever essas cartas. E, num primeiro nível, assim o é. Mas a força da argumentação de Kafka não está na ideia de que os filhos devem ser educados pelo mundo, e não pela família. Isso, como também acabamos de sugerir, é, há muito, quase um lugar-comum. O estranhamento que essas cartas suscitam em nós advém do fato de ele reivindicar à família seu estatuto de organismo animal. Dentro da família, o humano penetra na sua dimensão animal. A ideia é assombrosa e vai na contramão de todas aquelas teses que atribuem à família o lugar privilegiado de construção do humano. E o terrível da argumentação de Kafka é que o contexto familiar também não é o lugar de atuação de singularidades humanas isoladas que pudessem dar fruição à sua animalidade. Não se trata de adultos e crianças atuando com autonomia, uns em relação aos outros. Todos são partes de um organismo e, portanto, partes de um sistema a cujo equilíbrio estão submetidos – um sistema no qual as partes constitutivas essenciais, pais e filhos, assumem atribuições em nada equilibradas. Aos pais, cabe tudo; aos filhos, quando muito, cabe sucumbir – e não da maneira como o fariam no seio da sociedade. Eles sucumbem amaldiçoados ou destruídos, se não assumem a determinação de responder "a exigências totalmente determinadas e, mais ainda, aos termos ditados pelos pais".

O que Kafka está explicitando é uma compreensão bem pessoal da dinâmica das relações em família, tentando trazer à tona as forças que mobilizam essa dinâmica e que, se de fato operarem com a eficácia que Kafka lhes atribui, tornam imperiosa uma intervenção do mundo para, nas crianças, sustentar viva a potencialidade de virem a se transformar em sujeitos sociais plenamente constituídos. Kafka, por assim dizer, explicita a mecânica do organismo familiar, investigando os movimentos promovidos entre pais e filhos e as forças que produzem esses movimentos. E, assim, aqui o vemos transformado num psicanalista, porque sua investigação o leva a ter que lidar com o intercâmbio afetivo que se dá entre as partes, deixando surgir a estrutura que tal intercâmbio promove, dentro da qual cada um dos implicados é dinamizado.

Kafka compreende o que ele denominou *organismo familiar* como um sistema, um conjunto de elementos relacionados que se coordenam e funcionam como uma estrutura organizada. O que faz esse sistema ser um organismo é que a coordenação de todos os seus elementos se realiza através de um meio comum. Diz Kafka: "os pais não são livres diante de seus filhos como o é um adulto diante de uma criança, porque, no primeiro caso, se trata de laços de sangue, do próprio sangue". Ele opera na materialidade da metáfora do organismo familiar como se este fosse um sistema que, à maneira de um organismo animal, de um corpo biológico complexo, tivesse, em torno dos órgãos que o compõem, um fluxo de irrigação sanguínea que mantivesse esses órgãos intimamente relacionados entre si. "É sangue do meu sangue" é o que um membro pode dizer ao outro dentro desse organismo familiar, se bem que Kafka não se esquece do problema da "grave complicação: o sangue de cada um dos pais". Ao operar com tanta maestria no interior da metáfora do organismo, Kafka mantém-se nesses textos como o grande escritor que é. Ou seja, é no interior de sua atividade de escritor que ele se apresenta, através desses fragmentos, como um arguto psicanalista, explicitando o feixe de poderosas forças emocionais responsáveis pela configuração de um estado de coisas entre pais e filhos que é violento em sua essência.

Parece-nos interessante destacar as fontes das quais Kafka extrai o material com o qual sua escrita opera. Em primeiro lugar, está a destinatária das cartas, sua irmã, sangue do seu sangue e, portanto, alguém a quem ele pode narrar de forma sublimada uma experiência familiar pessoal, como que sob o mote "você bem sabe do que eu estou falando". Ou seja, sob toda a abstração que a carta tem ao falar de pais e filhos de maneira tão generalizada que atinge o mítico pai Cronos, o qual, na *Teogonia* de Hesíodo, devora os filhos,[2] parece estar-se comunicando à destinatária uma reflexão sobre a vida dos Kafka em família, a situação kafkiana por excelência. Bem sabem Kafka e sua irmã o quanto as inclinações para a escrita e seu modo de ser em nenhum momento ganharam do pai qualquer reconhecimento, a não ser o furor – um furor que, para Kafka, sempre beirou a repugnância por aquela criança, mais tarde adulto, que teimava ou não podia configurar-se à forma de ser que o senhor Hermann Kafka acreditava ser a legítima para a vida em

2 "Engolia-os o grande Cronos tão logo cada um do ventre sagrado da mãe descia aos joelhos, tramando-o para que outro dos magníficos Uranidas não tivesse entre os imortais a honra do rei." O mesmo Cronos que, na condição de filho, ceifa o pênis do pai Céu no instante do gozo, quando este se envolvia em amor ao redor da Terra. Da branca espuma que aquela carne ejaculava, gera-se Citera, a circunfluida Chipre e Afrodite. Eros e Desejo também tiveram origem a partir desse ato de violência original: um acerto de contas entre o filho e o pai (Hesíodo, 1995).

sociedade.[3] Diante dessa almejada forma de ser, o pai se comportava como um zeloso funcionário que dá tudo de si para fazer bem feito mas que, por obstinação do filho, deve arcar com um fracasso difícil de explicar ao mundo: um filho já adulto solteiro e dado a esquisitices tão exóticas quanto a de ser escritor.

Vale a pena salientar que a sensibilidade de Kafka para o impacto da conflituosa dinâmica dele em seu seio familiar era tão grande que não erraríamos muito se afirmássemos que grande parte da maravilhosa e perturbadora obra ficcional de Kafka emerge, dentre outras matrizes, de uma análise pessoal de sua vida em família. Mais do que espaços públicos, a obra de Kafka é ocupada por cenas familiares, em cujo interior a morte ronda à espreita, seja na forma de um veredicto promulgado pelo pai, em *O veredicto*, seja como o triste resultado de uma transformação inesperada, em *A metamorfose*. Definitivamente, em Kafka, a família não é o lugar de promoção da compreensão e do entendimento. Verdade que, para além da família, no exílio de *América*, na vida urbana de *O processo* ou na aldeia de *O castelo*, as coisas não são mais fáceis. Mas, para Kafka, os espaços públicos são por excelência os lugares de busca – busca esta difícil de ser bem-sucedida, porque o familiar lança suas sombras para o coletivo. E, como em Kafka o poder e a violência autoritária materializam-se, antes de mais nada, em figuras tão concretas quanto a de um pai, o social, por assim dizer, emerge contaminado de toda essa desconfiança e poder de destruição que a incomunicabilidade é capaz de suscitar. Mapeia-se a dinâmica do poder do particular para o geral. A família, em Kafka, não é um instrumento através do qual determinada

3 Sugerimos a leitura de *Carta ao pai* (1986), uma série de reflexões pessoais de Kafka sobre seu relacionamento com o pai e que visavam como destinatário o próprio pai, mas que ele optou por entregar à mãe. Nessa carta, avolumam-se argumentos para explicitar a pressão violenta e equivocada que um pai pode exercer sobre um filho.

ideologia social põe-se em funcionamento. Ele parece inverter esse modo de compreender as coisas. Em seus escritos, a família é núcleo originário de um modo de relação entre pais e filhos que conduz à alienação ou à solidão. Em Kafka, forças muito violentas atuam originariamente no interior da família – uma violência que ele parece recuperar de textos tão fundantes quanto a Bíblia ou a *Teogonia* de Hesíodo. De fato, em ambos esses textos fundantes de uma situação originária – um mito-poético (a Bíblia) e o outro mítico (a *Teogonia*) –, o humano emerge de um núcleo familiar no qual se dinamiza também a violência – violência que já vimos na *Teogonia* e que, na Bíblia, emerge de forma tão explícita que poderíamos resumir todo o *Livro do Gênesis* a uma luta sem tréguas entre irmãos. E, se é para lembrar da violência entre pais e filhos, a passagem do sacrifício de Isaac pelo pai Abrahão é insuperável. Aqui, o pai ergue uma faca diante do filho porque assim o exige a sua crença e porque é assim que as coisas devem se dar entre os seres humanos. Desse ponto de vista, ser filho é ser sujeito de uma ação profundamente violenta, porque o novo ser que vem ao mundo deve, antes de mais nada, inserir-se numa história que o antecede. E o processo de incorporação de uma criança por um meio sociocultural e afetivo é violento, porque incide no âmago da constituição desse sujeito. Verdade que as coisas não podem ser de outro modo, mas a mera atribuição de um nome a um bebê é um sinal demarcatório de propriedade, através do qual o sangue dos pais, para trabalhar no interior da metáfora kafkiana, encontra novo meio para a expansão de sua corrente.

Dos escritores do início do século XX, Kafka é certamente um dos principais a nos obrigar a levantar suspeitas sobre todo e qualquer processo civilizatório. Talvez possamos traçar toda uma linha de afinidades das principais elaborações teóricas do século XX – que se caracterizam por manter uma atitude de suspeita diante das instituições responsáveis pela construção do humano, como o Estado, hospitais psiquiátricos, escolas etc. – com Kafka, que, ao explicitar o modo de funcionamento da família, violento em sua essência, levou a figura do pai e sua autoridade à alçada de um tribunal, arranhando assim o autoritário poder que, originariamente, parecia lhe ser de legítima propriedade. Os pais, depois de Kafka, devem se explicar. E, diante dos filhos, por amor a eles (e melhor ainda se for só por respeito pelas almas humanas), devem se sentir pisando em ovos. Essa é, talvez, uma das ideias mais originais do século XX, e Kafka ajudou a consolidá-la. Todo o poder advém da figura paterna, mas este, no fundo, não passa de um esmerado funcionário de uma maquinaria ideológica que o atravessa e o aprisiona.

A segunda fonte da qual Kafka retira os elementos de sua reflexão nessas cartas é a obra escrita por Swift no início do século XVIII, *Viagens de Gulliver*, especialmente o capítulo VI, "Dos habitantes de Lilliput; do seu saber, das suas leis e costumes, da sua maneira de educar os filhos. A maneira de viver do autor nesse país. A sua defesa de uma grande dama". Nesse livro, Swift, através do relato fictício de uma viagem a terras desconhecidas, cria um espaço textual que funciona à maneira de um espelho ao mesmo tempo irônico e alegórico, no qual emergem com destaque os traços característicos da sociedade de onde o viajante partiu. Essa descrição de usos e costumes de povos em territórios exóticos serve para explicitar o caráter especular crítico que o texto pode ter em relação ao contexto em que se insere. Cada texto é um território novo, como o são as paragens onde Gulliver aporta. Mas a exploração desse terreno possibilita a emergência de uma visão renovada do lugar de onde se parte, do contexto em que realizamos a leitura. Pelo menos, é assim que Kafka lê Swift e encontra nele os argumentos necessários para dizer à sua irmã que o melhor lugar para a educação de seu sobrinho não é o seio familiar, mas o mundo.

Literatura e experiência pessoal são os materiais com os quais Kafka opera para desvendar uma mecânica de forças atuantes na família que nós poderíamos nomear de *mecânica kafkiana*. Se Newton, através de sua mecânica, permitiu-nos observar e controlar as forças que atuam nos movimentos dos corpos, a mecânica kafkiana, tal como foi explicitada nesses fragmentos, permite-nos observar aspectos essenciais da dinâmica entre pais e filhos.

Referências

Brod, M. (1982). *Kafka*. Alianza Emecé.

Hesíodo. (1995). *Teogonia: A origem dos deuses* (J. Torrano, estudo e trad.). Iluminuras.

Kafka, F. (1977). *Letters to friends, family and editors*. Schocken Books.

Kafka, F. (1982). *América* (D. J. Vogelmann, trad.). Alianza.

Kafka, F. (1986). *Carta ao pai* (M. Carone, trad.). Brasiliense.

Kafka, F. (1986). *O veredicto/Na colônia penal* (M. Carone, trad.). Brasiliense.

Kafka, F. (2000). *A metamorfose* (M. Carone, trad.). Brasiliense.

Kafka, F. (2000). *O castelo* (M. Carone, trad.). Companhia das Letras.

Kafka, F. (2000). *O processo* (M. Carone, trad.). Brasiliense.

Mandelbaum, E. (2003). *Franz Kafka: Um judaísmo na ponte do impossível*. Perspectiva.

Montaigne, M. (1972). *Ensaios* (S. P. Milliet, trad.). Abril Cultural.

Swift, J. (1987). *Viagens de Gulliver* (O. M. Cajado, trad.). Globo.

10. De pai para filho: transmissão, permanência e mudança em "A terceira margem do rio", de Guimarães Rosa[1]

Ao Enrique

O pai de João Guimarães Rosa, Sr. Florduardo Pinto Rosa – ou Flor, como era conhecido na pequena cidade de Cordisburgo, Minas Gerais, onde o escritor nasceu no ano de 1906 –, era dono de um armazém local onde paravam para descanso, prosa, comida e tudo o mais que uma venda de interior fornece os homens que viajavam pelo sertão de Minas. Ali, na parada, esses viajantes sertanejos contavam ao Sr. Flor as histórias que viam e recolhiam no caminho. Diz Walnice Nogueira Galvão, em "O nome do pai" (2008): "na venda: nesse misto de foco da sociabilidade masculina, central de informações e banco de dados da história oral" (p. 190). O filho João, de criança, ouvia essas histórias que, já fora de Cordisburgo e por toda a vida, serviram de matéria à sua literatura. Mais tarde e ao longo dos anos – o escritor já longe da

1 Texto originalmente publicado na revista *Estudos Avançados*, v. 35, pp. 81-92, 2021.

terra natal –, pai e filho compensavam a distância entre eles, bem como a distância do tempo da infância, com a troca de missivas nas quais o escritor solicitava ao pai detalhes das lembranças daquelas histórias e dados diversos da vida local, de seus viajantes, habitantes e modos de vida, tudo o que informavam as estórias[2] narradas em seus livros e contos. Em carta ao pai em 1946, logo após a publicação de *Sagarana*, de que lhe envia um exemplar, Guimarães Rosa escreve: "O senhor irá gostar, e muito, estou seguro, pois nele verá muita coisa do interior, muitas cantigas, como epígrafes... muita coisa, enfim, que lhe dará boas recordações" (citado por Galvão, 2008, p. 190). E em outra carta ao pai, após a publicação de *Corpo de baile* (1956), o escritor diz: "Também fiquei contente por o senhor ter recebido os livros e estar gostando de *Corpo de baile*. Como o senhor não deixará de ter notado, ele está cheio de coisas que o senhor me forneceu naquelas cartas e notas, extremamente valiosas para mim" (citado por Galvão, 2008, p. 194). Temos notícia assim de uma cadeia de transmissão: do visto e ouvido pelos sertanejos de Minas para o Sr. Flor, que se transformavam nos "causos" que ele registrava nas cartas ao filho, que os tornava matéria de literatura. Os livros, por sua vez, permitem que as estórias voltem ao pai reelaboradas pela imaginação do escritor, e ainda capazes de reavivar suas memórias. Pode-se imaginar o tanto de mudanças nessas veredas de idas e vindas: dos eventuais acontecidos às narrativas orais, destas à forma escrita nas missivas do pai, delas aos textos do escritor, que as registrava como guardião de um tempo, de localidades e homens passados, e de novo ao pai. Quem sabe este, que parecia apreciar os livros do

---

2 Manteremos aqui a grafia *estória* em vez de *história* quando estivermos tratando dos escritos de Guimarães Rosa, seguindo assim a advertência formulada por ele na epígrafe de *Tutaméia (Terceiras estórias)*: "a estória não quer ser história. A estória, em rigor, deve ser *contra* a História" (citado por Portella, 1983).

filho, não falava também deles aos viajantes, mostrando-lhes, orgulhoso, o registro escrito da oralidade partilhada na venda? Mas isso já é imaginação de leitora, que afinal tem também o seu lugar nessa cadeia de transmissão. O que sem dúvida atesta a correspondência (Galvão, 2008) é que Guimarães Rosa foi um pesquisador profundo dessas estórias e modos de vida. Sabemos também, através da fortuna crítica de sua obra (Galvão, 2008), das expedições pelo sertão mineiro a que o escritor se juntou desde os anos 1940 – quando já vivia e trabalhava em capitais europeias –, nas quais, feito um explorador saudoso que retorna à própria terra, anotava lugares, plantas, animais, nomes que recolhia numa verdadeira etnografia do sertão a que convidava o pai a participar: "Fiquei muito contente com a ida de Papai, que já deve ir recordando e alinhando lembranças interessantes de coisas vistas e ouvidas na roça – caçadas, etc. – que possam servir de elementos para outro livro, que vou preparar" (citado por Galvão, 2008, p. 191). Ou seja, pai e filho andaram juntos explorando as suas origens.

Na cadeia de transmissão dos conhecimentos, cada um ao seu modo – o sertanejo viajante, o pai, o filho escritor, o leitor – ativamente (re)elabora as narrativas a partir de seus lugares singulares de escuta e fala. Cada um ao seu modo, o que possibilita a construção de uma identidade singular, no interior da cadeia de transmissão, pelos diversos sujeitos que falam e escrevem uns aos outros, na sociabilidade da venda, da família e da literatura. Guimarães Rosa, numa entrevista a Ascendino Reis por ocasião do lançamento de *Sagarana* (citado por Galvão, 2008), expõe em "certo desabafo... num lance em que o entrevistado visivelmente está querendo se livrar da insistência e da impertinência do interlocutor" (p. 197), sua necessidade de isolamento para poder criar a partir das narrativas ouvidas e lidas:

> *Não gosto de falar da infância. É um tempo de coisas boas, mas sempre com pessoas grandes incomodando a gente, intervindo, comentando, perguntando, mandando, comandando, estragando os prazeres. Recordando o tempo da infância, vejo por lá um excesso de adultos, todos eles, mesmo os mais queridos, ao modo de soldados e policiais do invasor, em pátria ocupada... Gostava de estudar sozinho e de brincar de geografia. Mas, tempo bom, de verdade, só começou com a conquista de algum isolamento, com a segurança de poder fechar-me num quarto e trancar a porta. Deitar no chão e imaginar estórias, poemas, romances, botando todo mundo conhecido como personagens, misturando as melhores coisas vistas e ouvidas, numa combinação mais limpa e mais plausível, porque – como muita gente já compreendeu e já falou – a vida não passa de histórias mal-arranjadas, de espetáculo fora de foco. (p. 197)*

Ou seja: o escritor precisa estar só consigo mesmo para elaborar o material que herda dos que lhe cercam, diante do qual se sente responsável por melhor arranjá-lo, limpá-lo e dar-lhe foco. Os causos ouvidos e narrados pelos adultos o nutrem mas também o invadem com seu excesso, o que torna não só prazerosa mas também traumática e necessária sua elaboração a sós. Essa elaboração está no centro de seu trabalho literário, uma longa digestão que toma uma vida, e que é também um passo além na cadeia das transmissões que vem dar nos leitores, destinatários dos textos que se configuram como palimpsestos de vozes e narrativas, casos vividos e fantasiados que se entretecem na versão e invenção do escritor, e que incitam por sua vez a imaginação dos leitores. Tudo o que quer dizer que a escrita e a leitura são feitas de permanência e mudança, numa cadeia que, se prende cada um dos sujeitos que são seus elos às narrativas contadas e registradas que formam o campo semântico em que se movem e os delimita, é também via de passagem e da possibilidade de formação de novas subjetividades.

Quero aqui examinar essa dialética entre permanência e mudança numa cadeia de transmissão entre pai, filho e texto literário, tal como se realiza no conto de Guimarães Rosa "A terceira margem do rio" - publicado pela primeira vez em 1962, em seu livro *Primeiras estórias*. Já o título do livro remete às primeiras estórias ouvidas na infância e ao esforço de registrar sua *primeiridade*, os modos de ser e falar tradicionais do sertão de Minas, enquanto também cria uma linguagem literária própria para o registro das narrativas que, se trazem novos termos que saem de forma original de sua pena – a partir da fusão e desfusão de palavras e de uma verdadeira (re)modelagem dos nomes sertanejos –, resgatam, registram e guardam nessa criação a oralidade e a nomenclatura primeiras do sertão mineiro. No conteúdo e na forma da narrativa há permanência e mudança.

O ano da primeira publicação dessa coletânea de contos é importante para o nosso tema: 1962, dois anos depois da fundação de Brasília, marco da modernização brasileira. *Primeiras estórias* começa e termina com contos que se passam na nova capital – quem sabe o escritor mobilizado de partida por esses processos de modernização e pressentindo com eles o fim dessas primeiras estórias. Daí a urgência do registro delas. A modernização do país – e do sertão em particular – está presente em mais de um conto do livro. Em "Sorôco, sua mãe, sua filha", por exemplo, é um trem novo, o "trem do sertão", que vai buscar a mãe e a filha de Sorôco para levá-las a Barbacena, onde "para longe, para sempre" ficarão internadas na colônia psiquiátrica, que oferecia novos tratamentos para as mazelas psíquicas brasileiras. O novo trem do sertão, enviado pelo Governo, ia buscar os doentes pobres por todo o país.

O próprio escritor, se foi socializado na infância em Cordisburgo, é também fruto desses processos de modernização: diferentemente do pai, que passara a vida na cidade do interior mineiro, com pouca ou nenhuma educação formal, Guimarães Rosa desde os 6 anos aprendeu (muitas!) línguas, foi adolescente estudar na capital do Estado, tornou-se médico, viveu no exterior como diplomata e conheceu na Alemanha a barbárie tecnocrata do genocídio nazista. É na corrente dos processos de modernização, urbanização e industrialização do Brasil que ele publica *Primeiras estórias*, nas quais realiza seu retorno à *primeiridade* original, sobre a qual vê o impacto das transformações econômicas, sociais e culturais do sertão – um impacto que narra na interioridade dos sujeitos, das famílias e da vida comunitária.

"A terceira margem do rio" conta de um pai de família que, em certo momento, inesperada e inexplicadamente para os seus, deixa a casa e o trabalho para entrar sozinho numa pequena canoa, "toda fabricada, escolhida forte e arqueada em rijo, própria para dever durar na água por uns vinte ou trinta anos", de modo a ficar para sempre no grande e fundo rio próximo, do qual conhecia cada canto: "e só ele conhecesse, a palmos, a escuridão, daquele". Ele nunca voltou, até porque "não tinha ido a nenhuma parte. Só executava a invenção de se permanecer naqueles espaços do rio, de meio a meio, sempre dentro da canoa, para dela não saltar, nunca mais". O pai vai embora para o rio, para permanecer para sempre nele.

O rio, como todo rio, é fluxo, correnteza, mudança, "água que não pára", mas também é permanência: "o rio por aí se estendendo grande, fundo, calado que sempre... o rio-rio-rio, o rio – pondo perpétuo". O rio é sempre o mesmo rio, conhecido do pai em cada canto, mas também é correnteza e mudança, diante de que, para permanecer, era preciso da "constante força dos braços, para ter tento na canoa, resistido, mesmo na demasia das enchentes, no subimento, aí quando no lanço da correnteza enorme do rio tudo rola o perigoso...".

A propósito da dupla natureza do rio, de fluir e de permanecer, retomamos brevemente as discussões entre os gregos Heráclito e Parmênides.[3] Para o primeiro, tudo flui e nada permanece; tudo se afasta e nada fica parado, você não consegue se banhar duas vezes no mesmo rio, pois outras águas e ainda outras sempre vão fluindo: nada é permanente, tudo está em mutação, incessantemente. Para Parmênides, prevalece o princípio da identidade: o rio é o rio e não foi e nunca será outra coisa, ele é imóvel em sua totalidade. O rio não tem como se tornar não rio, ele é, portanto, o mesmo, sempre. O rio é o rio, eternamente.

O pai que "não voltou" porque "não tinha ido a nenhuma parte" exprime em seu ato a dupla natureza do rio: para permanecer na eternidade do mesmo rio, ele resiste ao fluxo de suas mudanças e à passagem do tempo. Ao contrário do que ocorre na travessia humana que é a História, o pai permanece como um ser do rio, "com o aspecto de bicho" na canoa que também é do rio, "feito um jacaré, comprida longa". Ele se finca no pré-histórico.

> *O severo que era, de não se entender, de maneira nenhuma, como ele aguentava. De dia e de noite, com sol ou aguaceiros, calor, sereno, e nas friagens terríveis de meio-do-ano, sem arrumo, só com o chapéu velho na cabeça, por todas as semanas, e meses, e os anos – sem fazer conta do se-ir do viver.*

---

3 Escutei de Yudith Rosenbaum, em nossas aulas na disciplina de pós-graduação *Figurações da família: Psicanálise e Literatura Brasileira*, ministrada pela primeira vez em 2017, essa referência aos filósofos gregos cuja discussão dá figuração à dupla natureza do rio. Para um aprofundamento das tendências opostas entre Heráclito e Parmênides, ver Chaui (2000, pp. 227-228).

Em 1962, tempo em que o que era se vê ameaçado de não ser mais, em que o trem da modernidade invade o sertão, rompe a vida e os vínculos familiares, os costumes e as formas tradicionais da sociabilidade, leva pessoas de um lado para o outro do país em novos fluxos migratórios, em que brasileiros e brasileiras são confrontados com novas realidades urbanas, novas arquiteturas, novas rotinas, ofícios e linguagens, Guimarães Rosa cria a personagem de um pai que, "que nem Noé" mas, diferentemente deste, "solto solitariamente" dentro de uma pequena canoa, resiste ao dilúvio da passagem do tempo e de suas mudanças, que ameaçam destruir tudo. E que o faz, por um lado, como se o próprio tempo tivesse parado, "sem fazer conta do se-ir do viver". Por outro, tendo que se confrontar com as naturais mudanças do tempo e das estações, com os dias e as noites, numa outra dimensão, agora cíclica, da passagem do tempo. O pai permanece no rio a ponto de riscar nele, com a canoa, uma terceira margem, "de meio a meio", instável talvez, fugidia, como a rasura que um barco faz nas águas e, logo em seguida, some. Como o escritor risca no papel essa estória, com mãos e braços no esforço de fazê-la permanecer na História. Já a família muda:

> *Minha irmã se mudou, com o marido, para longe daqui. Meu irmão resolveu e se foi, para uma cidade. Os tempos mudavam, no devagar depressa dos tempos. Nossa mãe terminou indo também, de uma vez, residir com minha irmã, ela estava envelhecida.*

Os membros da família (com exceção do pai e do filho narrador) seguem o fluxo do tempo tradicional – o casamento da irmã, o nascimento de um filho, o envelhecimento da mãe –, agora na corrente dos processos de urbanização do país, que ao final os leva para longe dali, "para uma cidade". E, por mais que pensassem e ouvissem diferentes pessoas, nunca puderam compreender o motivo da ação do pai. Teria sido "doideira", "pagamento de promessa", "lepra", para se desertar "para outra sina de existir, perto e longe de sua família dele"? Também não dava para entender como ele sobrevivia, "o severo que era, de não se entender, de maneira nenhuma, como ele aguentava." E se, na separação, o pai fica na canoa e a família muda, o conhecimento longamente acumulado que o pai tem do rio e que lhe permite permanecer firme nele, bem como o próprio sentido da sua decisão e ação, ficam soltos solitariamente com ele. Algo na cadeia da transmissão entre as gerações se interrompe, deixando as perguntas dos filhos sem respostas do pai, com quem finda também o conhecimento profundo do rio – "só ele conhecesse, a palmos, a escuridão, daquele". O filho narrador fica na margem (nem vai junto na canoa porque o pai não deixou, nem vai embora com a família), preso ao enigma que o pai para sempre, dali em diante, instala.

O psicanalista francês Jean Laplanche (1988) cunhou o termo *significante enigmático* para falar de mensagens que os pais desde muito cedo transmitem aos filhos, e cuja característica peculiar e central é a de serem de muito difícil – ou impossível – decifração. São mensagens brutas, concretas, a que falta sentido conhecido, e que pedem o trabalho da decifração. Em torno dessas mensagens a atividade psíquica da criança se desdobra, buscando compreendê-las a seu modo, dentro de seus limites e possibilidades. A vida psíquica de cada um(a) de nós, para Laplanche, se constitui a partir e em torno desses significantes enigmáticos, de persistente e perturbadora presença, que nos mobilizam por toda a vida em direção a seus sentidos. No conto, a ação enigmática, sem explicação, do pai passa a ser o centro da vida do filho-narrador, aprisionando-o à beira do rio, de onde busca todo dia ver o pai e entendê-lo, além de cuidar que não lhe falte o básico para sobreviver:

> *A gente teve de se acostumar com aquilo. Às penas, que, com aquilo, a gente mesmo nunca se acostumou, em si, na verdade. Tiro por mim, que, no que queria, e no que não queria, só com nosso pai me achava: assunto que jogava para trás meus pensamentos.*

A partir do adeus do pai, o filho-narrador passa a vida deixando comida em oco de pedra do barranco, e vai envelhecendo ali, à beira, ainda que em grande parte do tempo sem nem sequer vê-lo.

> *Eu fiquei aqui, de resto. Eu nunca podia querer me casar. Eu permaneci, com as bagagens da vida. Nosso pai carecia de mim, eu sei – na vagação, no rio no ermo – sem dar razão de seu feito.*

Os significantes enigmáticos são também mensagens numa cadeia de transmissão, só que aqui feitas do silêncio do pai. Permanece para a família apenas a ação concreta, desprovida de significação: o enigma. No entanto, a mensagem assim transmitida tem força – não apenas por seu próprio caráter enigmático, mas por se dar no interior de vínculos tão intensamente carregados de afetos quanto os de uma família – de paralisar o filho-narrador em torno dela, interrompendo nele o suceder das gerações – não casa e não tem filhos, como parecia ser de esperar –, bem como a possibilidade da transmissão dos conhecimentos e desígnios do pai.

Nestas considerações sobre a (im)possibilidade de transmissão de uma mensagem, tenho em mente os estudos sobre transmissão geracional desdobrados no campo da psicanálise dos vínculos (Mandelbaum, 2010), que toma como foco a dinâmica psíquica entre sujeitos, em família. Nesse campo, o vínculo familiar é compreendido como meio de transmissão de mensagens. Os psicanalistas que se debruçaram sobre o tema interessaram-se sobretudo pelas vicissitudes da transmissão de traumas entre as gerações. Há duas formas de transmissão: das mensagens em formas simbólicas ou simbolizáveis, que podem ser pensadas e elaboradas em linguagem. Neste caso, a mensagem transmitida por uma geração permite o trabalho psíquico da outra, ou seja, dinamiza sua capacidade de pensar, elaborar, imaginar e sonhar. E a outra forma é daquelas mensagens transmitidas como significantes brutos, através da identificação concreta, indizível e enigmática entre uma geração e a outra. Neste caso, o receptor da mensagem é presa, concretamente, de uma mensagem indecifrável, mas que tem força de capturar sua vida psíquica no trabalho inexaurível de sua decifração. A mensagem bruta, não simbolizada e não simbolizável, não lhe abandona. São os traumas silenciados entre as gerações, que se perpetuam na forma das identificações melancólicas. Freud (1917/2016) diz que "a sombra do objeto cai sobre o ego". Teria sido a decisão calada do pai fruto de sua angústia diante das ameaças de mudança do mundo conhecido, dando assim as costas à civilização para permanecer para o resto da vida na eternidade do rio? Não se sabe. Mas, sem dúvida, como parte da geração de leitores, também sou instigada ao trabalho de decifração. Seja o que for, a sombra do pai cai melancolicamente sobre o filho:

> *Sou homem de tristes palavras. De que era que eu tinha tanta, tanta culpa? Se o meu pai, sempre fazendo ausência. . . . Eu sofria já o começo de velhice – esta vida era só o demoramento. Eu mesmo tinha achaques, ânsias, cá de baixo, cansaços, perrenguice de reumatismo. E ele? Por quê? Devia de padecer demais. . . . Apertava o coração. Ele estava lá, sem a minha tranquilidade. Sou o culpado do que nem sei, de dor em aberto, no meu foro. Soubesse – se as coisas fossem outras.*

E não teriam sido os afetos contraditórios e perturbadores, mobilizados no filho pela ausência do pai e pela falta de sentido de seu gesto, responsáveis pela culpa que sente? Ao longo do conto, são diversos os momentos em que esse filho-narrador deixa ao leitor imaginar essa gama de difíceis sentimentos: "sem alegria nem cuidado, nosso pai encalcou o chapéu e decidiu um adeus para a gente", "com gesto me mandando para trás", "nosso pai não voltou", "a estranheza dessa verdade deu para estarrecer de todo a gente", "enxerguei nosso pai, no enfim de uma hora, tão custosa para sobrevir: só assim, ele no ao-longe", "me viu, não remou para cá, não fez sinal", "a gente teve de se acostumar com aquilo. Às penas, que, com aquilo, a gente mesmo nunca se acostumou, em si, na verdade. Tiro por mim, que, no que queria, e no que não queria, só com nosso pai me achava", "o severo que era, de não se entender". Já mais perto do final da vida, ao despontar os primeiros cabelos brancos, o filho se vê como homem de tristes palavras, melancolicamente adoecido.

"E fui tomando ideia." Sua culpa mobiliza um ato reparatório:

> *Só fiz, que fui lá. . . . Chamei, umas quantas vezes. E falei, o que me urgia, jurado e declarado, tive que reforçar a voz: – "Pai, o senhor está velho, já fez o seu tanto... Agora, o senhor vem, não carece mais... O senhor vem, e eu, agora mesmo, quando que seja, a ambas vontades, eu tomo o seu lugar, do senhor, na canoa!..." E, assim dizendo, meu coração bateu no compasso do mais certo.*

Reparar, neste caso, seria manter o lugar do pai no suceder das gerações, mesmo que o sentido desse lugar tivesse se perdido. Mas quem poderia "na levada do rio, para se despenhar horas abaixo, em tororoma e no tombo da cachoeira, brava, com o fervimento e morte"? O filho não podia: "Por pavor, arrepiados os cabelos, corri, fugi, me tirei de lá, num procedimento desatinado... E estou pedindo, pedindo, pedindo um perdão". Aqui, a transmissão do lugar do pai ao filho é mortal. E, sem ir – "sou o que não foi" –, o filho vive uma identificação paradoxal com o pai: de um lado, põe em questão sua identidade como homem, "depois desse falimento". De outro, "vai ficar calado", tal como o pai. E teme "abreviar com a vida", tendo permanecido "nos rasos do mundo". Na morte, "ao menos", pede que o "depositem também numa canoinha de nada, nessa água que não pára, de longas beiras: e, eu, rio abaixo, rio a fora, rio a dentro – o rio". Sonha assim na morte a identificação total com o pai.

Poderia ser o fim da cadeia de transmissão, na forma concreta da invasão de uma mensagem paterna sobre a qual nunca mais se saberá. Só não é o fim porque o filho narra essa estória, que Guimarães Rosa escreve. O enigma vem dar nos leitores, que nos tornamos, tal como o filho, presos do que não se sabe, mas que tentamos prover um sentido já a partir do contato com o título do conto: o que é, onde é a terceira margem de um rio? É o para além do rio, a morte, como sugere Walnice Nogueira Galvão (2008)? Ou a risca que a canoa faz na água, na interpretação musical de Milton Nascimento e Caetano Veloso – "risca certeira/meio a meio o rio"? (1991). Ou, ainda, a possibilidade de um "terceiro não excluído", que escapa aos binarismos do pensamento racional habitual, como defende André Rodrigues (2016)? E que sentido tem o ato do pai, que tantos leitores vêm acumulando em fortuna crítica? Para mim, o conto realiza em forma literária, no meio do século XX brasileiro e sertanejo, uma quebra da transmissão de mensagens entre as gerações, ao deixar de forma exclusiva com o pai a posse de um conhecimento e de uma cultura local, a do rio, em que ele resiste em se manter, mas que ao final se extingue nele e com ele, fincado para sempre na correnteza. Aos familiares, às gerações seguintes, sobram os enigmas, que ao filho-narrador foram excessivos, traumáticos, e o paralisaram.

Se a família foi, na história social brasileira, em especial em seus redutos patriarcais tradicionais, o lócus central da transmissão cultural – da aprendizagem dos ofícios, das narrativas passadas entre as gerações, da religiosidade e da moral familiar compartilhada –, a ação do pai, se por um lado exprime o desejo resistente da permanência contra o fluxo das mudanças, por outro, ao não transmitir seu conhecimento e o sentido de seu propósito, interrompe a transmissão, deixando ao filho o enigma, o significante indecifrável. Preso desse enigma, o filho permanece fiel ao pai, na convivência dos sentimentos contraditórios resultantes de não receber dele o ensinamento de seus conhecimentos e a razão de seus feitos. Por respeito e afeto, ele guarda um pai que lhe ensinou, que afetivamente transmitiu uma mensagem, ainda que, diante da partida do pai, os afetos deste em relação à família também tenham sido postos em questão:

> *Nem queria saber de nós; não tinha afeto? Mas, por afeto mesmo, de respeito, sempre que às vezes me louvavam, por causa de algum meu bom procedimento, eu falava: – "Foi pai que um dia me ensinou a fazer assim..."; o que não era o certo, exato; mas, que era mentira por verdade. Sendo que, se ele não se lembrava mais, nem queria saber da gente, por que, então, não subia ou descia o rio, para outras paragens, longe, no não-encontrável? Só ele soubesse.*

A obra literária de Guimarães Rosa é, ao nosso ver, como o trabalho de resistência do pai do conto, para permanecer no fluxo da correnteza da mudança dos tempos, no meio de um rio que para ele é conhecido. O pai é um incansável remador na *primeiridade* do rio, recusando toda civilização – "não pojava em nenhuma das duas beiras", "não pisou mais em chão nem capim", "não armava um foguinho em praia, nem dispunha de sua luz feita, nunca mais riscou um fósforo" (Rodrigues, 2016). Tal como ele, Guimarães Rosa usa suas mãos incansavelmente para registrar e guardar tudo, numa literatura que é sua forma de resistência, de fazer permanecer. Mas, diferentemente do filho-narrador, o escritor recebeu de seu pai, e reconhece, parte significativa da matéria de que faz seus textos, na forma dos causos narrados – ainda que pudessem ter algo de excessivo, invasivo e mal-arranjado, ou justamente por isso. Escrever também parece ter sido sua resposta a uma demanda paterna de preservação da vida do sertão, dos acontecidos narrados e ouvidos na venda, em torno dos quais o filho, traumatizado talvez pelo excesso, mas também encantado (diferente do filho do conto, porque privilegiado com a companhia esclarecedora do pai), solicita e registra essas memórias.

Referências

Chaui, M. (2000). *Convite à filosofia*. Ática.

Freud, S. (1917/2016). Luto e melancolia (Marilene Carone, trad.). *Jornal de Psicanálise, 49*(90).

Galvão, W. N. (2008). Do lado de cá. In *Mínima mímica*. Companhia das Letras.

Galvão, W. N. (2008). O nome do pai. In *Mínima mímica*. Companhia das Letras.

Laplanche, J. (1988). *Teoria da sedução generalizada e outros ensaios*. Artes Médicas.

Mandelbaum, B. (2010). *Psicanálise da família*. Casa do Psicólogo.

Nascimento, M., & Veloso, C. (1991). A terceira margem do rio. In C. Veloso, *Circuladô*.

Portella, E. (1983). A estória cont(r)a a história. In E. Coutinho, *Guimarães Rosa*. Civilização Brasileira.

Rodrigues, A. (2016). As três margens do rio e o vertiginoso fluxo da vida. *Estudos Avançados, 30*(86), jan.-abr.

Rosa, J. G. (1964). A terceira margem do rio. In *Primeiras estórias*. José Olympio.

Rosa, J. G. (1964). Sorôco, sua mãe, sua filha. In *Primeiras estórias*. José Olympio.

Rosa, J. G. (1967). Prefácio. *Tutaméia (Terceiras estórias)*. José Olympio.

11. Na lavoura arcaica[1]

Lavoura arcaica, de Raduan Nassar, é a narrativa em primeira pessoa de André, jovem de uma família de origem árabe – o que se depreende dos nomes dos familiares e da única palavra dita pelo avô, *Maktub* ("está escrito") – radicada numa fazenda onde trabalham na lavoura da qual retiram o sustento e todo o alimento. A narrativa se inicia quando Pedro, o irmão mais velho de André, chega ao quarto de pensão para onde este fugira após uma relação incestuosa com a irmã, Ana. A primeira parte, "A partida", é feita do diálogo com o irmão, permeado do discurso interior e das rememorações de André. Na segunda parte, "O retorno", acompanhamos o diálogo de André com o pai, a alegria da família, a festa por sua volta e, nesta, o momento em que Ana, dançando na roda de amigos e parentes, é repentinamente morta pelo pai, após este saber por Pedro do incesto cometido.

O livro de Raduan é lavoura a um só tempo em muitos campos do arcaico. É lavoura na língua portuguesa, cavando as palavras e

1 Texto originalmente publicado na revista *Estudos Avançados*, v. 32, pp. 241-248, 2018.

deitando o leito para o fluxo delas, por onde é possível fazer brotar a vida – "toda palavra é uma semente" – e partilhá-la com o leitor, num jorro de sentenças e experiências. É nesse jorro da linguagem que se presentifica um dos arcaicos do texto – sua motivação, que é a pulsão constante e viçosa que busca nas palavras algum recipiente para sua colheita. A motivação do texto é o próprio labor com os campos do arcaico, num acerto de contas inevitável com a história pessoal – "eu também tinha coisas prá ver dentro de mim" – e familiar – "que urnas tão antigas eram essas liberando as vozes protetoras que me chamavam da varanda?"

A obra é também lavoura no arcaico da terra, lá onde a natureza está antes do homem: no bosque para onde André corre desde a infância e na adolescência, para se cavar com o corpo todo na terra úmida e se cobrir com as folhas que caem sozinhas das árvores. Ali é o que cresce antes da cultura e da agricultura, que oferece a coleta dos primórdios do labor humano. É a terra do que brota com espontaneidade, faz sombra e leito, lugar do oculto em que André se abriga para escapar às ordens e aos homens: "era num sítio lá do bosque que eu escapava aos olhos apreensivos da família". O bosque é o arcaico da lavoura, lugar do labor da natureza e onde é possível distanciar-se da lida humana.

O texto é também lavoura no interior de si: André, no interior do mundo que é seu quarto individual, o da pensão para onde vai ao fugir da casa paterna, explora seu corpo e seus líquidos, e suas memórias, todas elas nos diferentes espaços da fazenda da família. Sua infância no bosque, o carinho das palavras e dos afagos da mãe, as frases solenes dos sermões do pai, a beleza das irmãs, a divisão da família nos lados direito e esquerdo das refeições à mesa. Também o avô de uma só palavra, *Maktub,* e "de uma só geografia". Lembra da casa velha, lugar do incesto com Ana. Essa lavoura no interior de si irrompe e se expressa na linguagem da volúpia, do desejo, do delírio e da identidade de epiléptico, tudo isso superposto e confundido no lirismo da prosa. André vê-se como um faminto a quem a soberania da família pede uma impossível paciência. A parábola do faminto, "aquela história oriental" que o pai contava à mesa em que não faltava o sal, a carne e o vinho, pedindo aos filhos paciência com a fome diante da comida, serve como metáfora expressiva das angústias que dilaceram o ávido adolescente André, que tem que dar conta de suas paixões dentro dos limites estritos definidos na ladainha cotidiana paterna. O pai pede paciência uma e outra vez na sucessão dos dias, enquanto o jovem sobrevive "à custa das próprias vísceras":

> *Eu também tenho uma história, pai, é também a história de um faminto, que mourejava de sol a sol sem nunca conseguir aplacar sua fome, e que de tanto se contorcer acabou por dobrar o corpo sobre si mesmo alcançando com os dentes as pontas dos próprios pés; . . . (Nassar, 1989, pp. 159-160)*

André denuncia a antropofagia de si mesmo a que a fome diante da comida obriga, só lhe restando comer os próprios pés para poder permanecer dentro dos limites da palavra e da casa paterna. A fome integra diversas dimensões do arcaico: ela é experiência pessoal, visceral, diante da qual André se vê obrigado a se comer. É referência para a família, que tem todo o seu labor e sua lavoura voltada à própria subsistência. Os sermões do pai são a disciplina da fome. E, em sua pedagogia doméstica, ele lança mão de uma história oriental, "A parábola do faminto", que Raduan extrai das *Mil e uma noites.*[2] É fome, também, na ancestralidade da história

2 Em *Ritos da paixão em Lavoura Arcaica*, André Luis Rodrigues (2006) menciona que, em nota final à primeira edição de *Lavoura arcaica,* Raduan escreve: "trata-se uma passagem (distorcida) de *O Livro das Mil e uma Noites*".

cultural oriental, narrada em uma de suas obras-primas. A fome está na origem do relato pessoal (nas vísceras!), do familiar e do cultural, campos indissociavelmente ligados no qual a luta com ela é travada.

André uma e outra vez quer se libertar desse amálgama de fome e disciplina, quer ser o profeta de sua própria história e construí-la a partir da esperança de um quarto inviolável, individual, "quarto catedral" da pensão interiorana onde se distancia da casa da fazenda. Mas, se distraído se perguntasse "para onde estamos indo?", "não importava que eu, caminhando, me conduzisse para regiões cada vez mais afastadas", com a rigidez de uma profecia desprovida "de qualquer dúvida", ouviria: "estamos indo sempre para casa". A lavoura em si mesmo é sua tentativa de acertar contas com o arcaico, superando-o, mas é também o confronto com o seu poder inexorável: "desde menino, eu não era mais que uma sombra feita à imagem do destino, . . . por que então esses caprichos, tantas cenas, empanturrar-nos de expectativas, se já estava decidida a minha sina?".

André se vê amarrado à família: ao discurso paterno, ao ventre materno e ao amor fraterno. É parte da lavoura no interior de sua história cavar a intimidade familiar, "suspender o tampo do cesto de roupas no banheiro" e trazer à luz, no campo da linguagem que é a própria obra, "a água dos parentes que ainda brota lá do fundo". Do cesto surgem, ao afundar as mãos, "a energia encaracolada e reprimida do mais meigo cabelo do púbis", "o soluço mudo que subia do escroto engomando o algodão branco e macio das cuecas", "as toalhas higiênicas cobertas de um pó vermelho como se fossem as toalhas de um assassino", "os humores todos da família mofando com cheiro avinagrado e podre de varizes". Ou seja, do

---

Rodrigues encontra a passagem com o título de "História de Chakalik, o sexto irmão do barbeiro".

cesto emergem as marcas do pulsional, do sexual, do violento, da repressão e do silêncio. Tudo aquilo a que o discurso do pai pede paciência, mas que de algum modo ejacula: "a impaciência também tem os seus direitos!".

A lavoura no interior da família é também a rememoração, no sono de André, de objetos amassados, carcomidos, ulcerados "de tanto esforço em suas lidas". Objetos machucados, lamentosos, soturnos – um socador, uma gamela, um torrador de café, uma chaleira de ferro, uma fotografia nupcial "trazendo como fundo um cenário irreal". Dessas coisas de família André é guardião zeloso, sugerindo que em cada um desses fragmentos se deposita a história afetiva e a atmosfera modorrenta de um cotidiano em que, no entanto, sistematicamente não falta a água fervida, o café, a comida e o sal, tudo sob a imagem da Santa Ceia e do retrato nupcial.

Lavoura arcaica também é lavoura no campo literário – é consulta, no escuro, do "texto dos mais velhos, a página nobre e ancestral". Buscando as linhas que mapeiam a escuridão de si, dos corredores da casa e do interior do bosque, o narrador faz uso de fragmentos das fontes textuais arcaicas de sua própria história – a história de uma família de imigrantes libaneses no Brasil –, e também da trajetória de Raduan de leitura dos grandes textos do Ocidente. A segunda parte do livro, "O retorno", que narra a volta de André à casa da família após o tempo na pensão, inicia-se com uma epígrafe extraída do *Alcorão* (Surata IV, 23), o livro sagrado do Islamismo e, portanto, parte da origem de sua própria família. Diz o fragmento:

> *Vos são interditadas:*
>
> *vossas mães, vossas filhas, vossas irmãs,*
>
> ....,

que expressa um interdito fundante da vida social – o tabu universal do incesto –, inscrito no ordenamento familiar. André e Ana transgridem o interdito com seu amor, mas André denuncia que as palavras paternas já continham a transgressão do escrito sagrado, que no ordenamento dos sermões engolidos pelos filhos já estava contida "a semente da desordem", que obedecê-los estritamente, buscando assim assegurar um lugar à mesa ("já disse e repito ainda uma vez: estou cansado, quero com urgência o meu lugar na mesa da família!"), é pecar. André ouve na "mesa dos sermões":

> *humilde, o homem abandona sua individualidade para fazer parte de uma unidade maior, que é de onde retira sua grandeza; só através da família é que cada um em casa há de aumentar sua existência, é se entregando a ela que cada um em casa há de sossegar os próprios problemas, é preservando sua união que cada um em casa há de fruir as mais sublimes recompensas; nossa lei não é retrair mas ir ao encontro, não é separar mas reunir, onde estiver um há de estar o irmão também... (p. 148)*

Não é isso que André realiza junto a Ana, sossegando em família a sua fome, propondo a ela juntos aumentarem a existência, encontrando em casa mesmo as sublimes recompensas? Ele pede à irmã o que pede o pai à família: que não se separem, que preservem sua união, "onde estiver um há de estar o irmão também"! O mandato paterno, contrariando a sentença da epígrafe sem o saber, é endogâmico,

> *defendendo de adquirir fora o que pudesse ser feito por nossas próprias mãos, e uma lei ainda mais rígida, dispondo que era lá mesmo na fazenda que devia ser*

> *amassado o nosso pão: nunca tivemos outro em nossa mesa que não fosse o pão-de-casa, . . . (p. 78)*

E há virtualidade incestuosa também na sedução materna, em seus afagos corporais, oferecendo, além do alimento à mesa, o seu ventre e o seu seio para o corpo do filho: "que culpa temos nós se fomos duramente atingidos pelo vírus fatal dos afagos desmedidos?" (p. 130).

Dentre os textos dos mais velhos de que são feitos os sermões do pai, podem-se ouvir também ressonâncias do *Eclesiastes – Qohélet,* "palavra-palimpsesto hebraico-árabe", "uma coleção de apontamentos" bíblicos sapienciais que Haroldo de Campos (1991) traduz poeticamente por *O-que-sabe*. O pai de André diz:

> *onipotente, o tempo está em tudo; . . . existe tempo nas cadeiras onde nos sentamos, nos outros móveis da família, nas paredes da nossa casa, na água que bebemos, na terra que fecunda, na semente que germina, nos frutos que colhemos, no pão em cima da mesa, na massa fértil dos nossos corpos, na luz que nos ilumina, nas coisas que nos passam pela cabeça, no pó que dissemina, assim como em tudo que nos rodeia; . . . (p. 54)*

E diz o poema sapiencial, na tradução de Haroldo de Campos:

> *III*
>
> *1. Para tudo seu momento*
> *E tempo para todo evento sob o céu*
> *2. Tempo de nascer e tempo de morrer*
> *Tempo de plantar e tempo de arrancar a planta*
>
> . . .

> *9. Que proveito ao fazedor*
> *no afã do que faz?*

O sermão, tal como o poema, assenta-se na "concepção da sabedoria divina e do seu fazer determinante de todo acontecer humano" (Lohfink, citado por Campos, 1991). Há um tempo onipotente, maior do que o do fazedor humano, que determina o seu destino. É um tempo cíclico, que o afã humano pode perturbar:

> *A terra, o trigo, o pão, a mesa, a família (a terra); existe neste ciclo, dizia o pai nos seus sermões, amor, trabalho, tempo. (p. 183)*

É cíclico também o tempo da narrativa de *Lavoura arcaica*, que se inicia com a rememoração da festa na fazenda, com a dança em roda entre as árvores, momento ritual em que a fazenda se abre para os parentes e vizinhos, e em que Ana dança e encanta André, deitado a certa distância no bosque, cavando com os pés, ao vê-la, a terra úmida. Na festa de seu retorno, a mesma dança se repete, com as mesmas palavras para descrevê-la, até que Ana irrompe no meio da roda, agora vestindo sua impetuosidade com as quinquilharias colecionadas por André entre as meretrizes que visitava na adolescência e que ele oferta às irmãs, pelas mãos de Pedro, seu irmão mais velho, em seu retorno. O afã impaciente de Ana "(que todos julgavam sempre na capela)" assalta e assombra a festa, mas também magnetiza a todos, tornando mais quente e forte a dança. Pedro, "alucinado", dispara até o pai e vocifera-lhe a revelação que o faz fender "o grupo com a rajada de sua ira" e atingir "com um só golpe a dançarina oriental" (p. 192), após o que, tal qual na tragédia de *Édipo-rei*, sobrevém a peste:

> *correntes corruptas instalaram-se comodamente entre vários pontos, enxugando de passagem a atmosfera, desfolhando as nossas árvores, estorricando mais rasteiras o verde das campinas, tingindo de ferrugem nossas pedras protuberantes, reservando espaços prematuros para logo erguer, em majestosa solidão, as torres de muitos cactus. (p. 192)*

Ainda que rompendo o tempo cíclico que rege a vida da terra e da família, são os desígnios insondáveis do tempo que conduzem a história. No fecho do livro, está escrito:

> *(Em memória de meu pai, transcrevo suas palavras: "e, circunstancialmente, entre posturas mais urgentes, cada um deve sentar-se num banco, plantar bem um dos pés no chão, curvar a espinha, fincar o cotovelo do braço no joelho, e, depois, na altura do queixo, apoiar a cabeça no dorso da mão, e com olhos amenos assistir ao movimento do sol e das chuvas e dos ventos, e com os mesmos olhos amenos assistir à manipulação misteriosa de outras ferramentas que o tempo habilmente emprega em suas transformações, não questionando jamais sobre seus desígnios insondáveis, sinuosos, como não se questionam nos puros planos das planícies as trilhas tortuosas, debaixo dos cascos, traçadas nos pastos pelos rebanhos: que o gado sempre vai ao poço.") (pp. 195-196)*

Haroldo de Campos refere-se à interpretação do mundo grega que influenciou a escrita do *Qohélet* no século III a.C. Nas tragédias gregas, o destino das personagens está univocamente determinado pelos deuses e elas, por mais que tentem escapar, por mais sinuosas que sejam suas trilhas, sucumbem ao que lhes foi predestinado. Cada coisa tem seu tempo, acima dos homens, insondável e inexorável. Não há, portanto, proveito algum no afã do fazedor. A palavra do avô, *Maktub*, *"Está escrito"*, desdobra-se no discurso paterno nessa espécie de determinismo imutável das coisas. E André, tal qual uma personagem trágica, quanto mais busca satisfazer os seus desejos e a fome, mais se enreda na realização da palavra do pai. Porque a endogamia e o incesto estão contidos no sermão. É a palavra do pai a semente que planta o amor entre os irmãos.

Logo após consumarem o incesto, André reencontra Ana na capela da fazenda e, suplicando por permanecerem juntos, lhe diz:

> *foi um milagre descobrirmos acima de tudo que nos bastamos dentro dos limites da nossa própria casa, confirmando a palavra do pai de que a felicidade só pode ser encontrada no seio da família; foi um milagre, querida irmã, e eu não vou permitir que este arranjo do destino se desencante, . . . (p. 120)*

Mas Ana, em silêncio, reza e não atende aos apelos do irmão: "pela primeira vez eu me senti sozinho neste mundo". E é "prosternado à porta da capela" que André pensa em partir: "eu poderia simplesmente abandonar a casa, e partir, deixando as terras da fazenda para trás; eram também coisas do direito divino, coisas santas, os muros e as portas da cidade". Mas seu irmão Pedro o busca no quarto de pensão e André volta pra casa. A própria estrutura do livro, dividido em duas partes, "A partida" e "O retorno", materializa a busca da saída e a inexorabilidade da volta – "estamos indo sempre para casa".

Leyla Perrone-Moisés (1996) diz que "*Lavoura arcaica* é uma versão moderna da parábola do filho pródigo" (Lucas 15:11-32).

Na parábola, o filho mais novo de um senhor pede ao pai a sua parte na herança e sai de casa, desperdiçando em prazeres em terras longínquas o que recebeu. Mais tarde, em situação de miséria e tendo experimentado as agruras de um trabalho degradante, resolve voltar para a casa paterna. Arrepende-se diante do pai, que o acolhe e volta a lhe dar do melhor. O filho mais velho, que sempre permanecera junto ao pai, ao ver os festejos pela volta do irmão, reclama com o pai, ele que sempre ficara e trabalhara nas terras paternas. Responde o pai: "Filho, tu estás sempre comigo, e tudo o que é meu é teu. Mas era preciso que festejássemos e nos alegrássemos, pois esse teu irmão estava morto e tornou a viver; ele estava perdido e foi reencontrado!".

Em *Lavoura arcaica,* a parábola se realiza na fala que o pai dirige ao filho, na sua volta:

> *– Meu coração está apertado de ver tantas marcas no teu rosto, meu filho; essa é a colheita de quem abandona a casa por uma vida pródiga.*

Ao que André responde, subvertendo a narrativa paterna:

> *– A prodigalidade também existia em nossa casa.*

O pai não entende e o filho não acredita na discussão de seus problemas: "estou convencido, pai, de que uma planta não enxerga a outra". Ainda assim, num diálogo amargo e colérico, ele diz: "Foi o senhor mesmo que disse há pouco que toda palavra é uma semente: traz vida, energia, pode trazer inclusive uma carga explosiva no seu bojo: corremos graves riscos quando falamos" (p. 167).

De tudo que foi plantado, das sementes na lavoura e das palavras nos sermões, qual é a colheita? Que frutos essa lavoura arcaica produz? Diz o pai:

> *– É egoísmo, próprio de imaturos, pensar só nos frutos, quando se planta; a colheita não é a melhor recompensa para quem semeia; . . . já é um bem que transferimos, se transferimos a espera para gerações futuras, . . . e pode haver tanta vida na semente, e tanta fé nas mãos do semeador, que é um milagre sublime que grãos espalhados há milênios, embora sem germinar, ainda não morreram.*

E André responde:

> *– Ninguém vive só de semear, pai.*

O filho denuncia que do ordenamento das sementes brota também a desordem, que há uma carga explosiva nas palavras, que a pulsão sexual e violenta é inerente à razão. Dessa lavoura arcaica brota a peste, a violência e a morte. Após a morte de Ana, a mãe passa a puxar "um lamento milenar que corre ainda hoje a costa pobre do Mediterrâneo: tinha cal, tinha sal, tinha naquele verbo áspero a dor arenosa do deserto".

Mas, do labor de todos os arcaicos na história de Raduan Nassar, brota também essa obra-prima que é *Lavoura arcaica,* em que a palavra volta a recuperar a sua potência de semente de vida e energia. Raduan faz da literatura lavoura onde encontra as palavras verdadeiras para um acerto de contas com sua história. Feito o acerto tanto quanto o acerto é possível, ele deixa a literatura e vai pra casa.

Referências

A Bíblia de Jerusalém. (1985). Lucas 15: 11-32. Edições Paulinas.

Campos, H. (1991). *Qohélet/O-que-sabe Eclesiastes.* Perspectiva.

Nassar, R. (1989). *Lavoura arcaica* (3a ed.) Companhia das Letras.

Perrone-Moises, L. (1996). Da cólera ao silêncio. *Cadernos de Literatura Brasileira.* Instituto Moreira Salles.

Rodrigues, A. L. (2006). *Ritos da paixão em* Lavoura Arcaica. Edusp.

12. Os processos de socialização e a família no trabalho de Sylvia Leser de Mello[1]

Durante os últimos meses de 1978, quando o Brasil ainda iniciava o seu processo de abertura após os anos mais sombrios da ditadura militar, a professora Sylvia Leser de Mello lia em sala de aula, com seus alunos do segundo ano da graduação do curso de Psicologia da Universidade de São Paulo, o livro *Manicômios, prisões e conventos*, de Erving Goffman (1974). O livro de Goffman é um estudo sociológico sobre a experiência de seres humanos e das interações entre eles quando confinados ao que ele chama de *instituições totais* – todas aquelas instituições, como os manicômios, asilos, prisões e claustros religiosos, que regulam a totalidade da vida daqueles que delas fazem parte, excluindo-os da possibilidade de circulação e convívio em outros espaços sociais, outras instituições, ou com pessoas de fora delas. Os que fazem parte da instituição devem se despojar de sua história anterior para entregar-se a um novo processo de formação da identidade, agora forjada na e pela própria instituição. Por meio da análise da vida vivida

1 Texto publicado na revista *Psicologia USP*, no número temático *Sobre Sylvia Leser de Mello e outros trabalhos, 17*(3), 2006.

em instituições totais, Goffman permitia-nos falar de modo mais amplo sobre a formação da identidade e os processos de socialização próprios daquele momento histórico que vivíamos, numa sociedade profundamente dividida e hierarquizada, tendo como sombra de nossas reflexões os acontecimentos que se sucediam no país sob a tutela do regime civil-militar, que aniquilou vidas e manifestações discordantes de uma ideologia hegemônica que buscava forjar para todos os brasileiros uma identidade nacionalista, patriótica, acomodada às injustiças sociais e acrítica.

Em sala de aula, em consonância com a postura crítica que o texto de Goffman permitia-nos elaborar em relação a toda instituição que busca o controle dos indivíduos nas múltiplas facetas de suas vidas, a professora Sylvia Leser de Mello exercia uma pedagogia singular. Sua opção não era pelas aulas expositivas, nas quais passasse aos alunos praticamente recém-chegados à universidade sua visão do autor e das questões por ele trabalhadas. Sylvia exigia a leitura singular de cada aluno(a), sua reflexão pessoal trabalhada através da escrita. O fundamental não era o que ela tinha a dizer sobre o texto de Goffman, mas o que o texto suscitava em nós, obrigando-nos a pôr em palavras o que experimentávamos na leitura.

Muitos anos depois, em 2006, Sylvia deu-me para ler um artigo que escrevera para a *Revista de Cultura e Extensão* da USP sobre o programa Incubadora Tecnológica de Cooperativas Populares (ITCP) da própria universidade. Agora o contexto histórico e social era outro, e Sylvia coordenava esse programa de extensão universitária, do qual participavam professores e alunos da USP, para incrementar propostas de trabalho autogestionário e de geração de renda com uma população marginalizada em relação às esferas do trabalho e do capital. O programa de incubação de cooperativas populares teve início na USP em 1998, e Sylvia participou de sua coordenação desde o início. No cerne da relação que professores e alunos que faziam parte da Incubadora estabeleciam com a população, ela propunha que estivesse a *cooperação*. Não se tratava, portanto, de uma relação hierarquizada, de cunho assistencialista ou iluminista, em que membros da universidade, que deteriam um suposto saber, o ofereceriam à população que não sabe. Nesse artigo, Sylvia diz:

> *também não tínhamos as respostas para os problemas que colocavam, problemas urgentes que transcendiam muito a nossa limitada e teórica formação acadêmica. Além disso, ficava muito nítido o processo de aprendizagem pelo qual passávamos mutuamente, os grupos populares e os membros da ITCP... O esforço da ITCP para fundamentar uma prática emancipatória parte da ideia de que todo processo educativo precisa estar assentado no conhecimento dos educandos, da realidade em que vivem e como a vivem. A construção desse conhecimento possui sentido duplo: conhecer os sujeitos com os quais trabalhamos e reconhecer que os sujeitos são portadores de conhecimentos que nós não possuímos. Assim, é possível estabelecer o princípio da pedagogia dialógica, ou seja, aquela que coloca o diálogo (a troca) como o centro do processo educativo, marcando as relações entre educador e educandos. (pp. 2-3)*

O modo de Sylvia ser professora, sua compreensão da pedagogia a ser realizada nas salas de aula da universidade, ela transportou para o trabalho de incubação das cooperativas populares. Sua inspiração, explicitamente enunciada no texto, está nas ideias do educador Paulo Freire, cuja pedagogia tinha como motivo inicial "o compromisso com os oprimidos, ausente nas pedagogias tradicionais, criadas e praticadas pelos opressores – pedagogias, portanto, da dominação e da reafirmação da dominação, estabelecendo muito claramente quem sabe e quem não sabe" (p. 2).

O exame crítico das condições psicossociais dos seres humanos em situação de dominação é um fio condutor das investigações e reflexões de Sylvia Leser. Durante muitos anos, em sua disciplina de pós-graduação *Problemas humanos no trabalho,* ela leu com os alunos autores que denunciaram a opressão e a degradação dos seres humanos pelo trabalho, a reificação e a alienação, a privação da liberdade, a ameaça de extermínio do pensamento e da ação criadora na sociedade industrial moderna – ou seja, todas aquelas situações em que os processos sociais apresentam uma dinâmica de violência, ao reduzir homens e mulheres a meros instrumentos, retirando deles e delas sua condição de humanidade, isto é, a liberdade e a dignidade essenciais à manifestação da vida humana. Sylvia lia Marcuse, cujas análises constituem uma denúncia radical do quanto os seres humanos podem ser atravessados por processos violentos de socialização. Para o autor, toda a subjetividade é atravessada pela ideologia dominante, e aquilo que consideramos nossas necessidades mais pessoais, nossos desejos mais íntimos, seriam, na verdade, impostos a nós a partir de fora – dito de forma genérica, pelos interesses do capital. Para Marcuse (1979), nessas condições mundo interno e mundo externo se equiparam – não há mais aquilo que poderíamos chamar de *vida interior*, com liberdade para uma existência independente do mundo social administrado.

No entanto, Sylvia preservava, no aprofundamento do estudo dos autores selecionados, a liberdade de dialogar com eles. Sua questão, central para a Psicologia Social e com a qual ela trabalhava persistentemente, parecia ser a da busca e do fortalecimento do território pessoal de cada homem e mulher, no qual o melhor de cada um e uma possa se desdobrar, numa dialética que inclui resistência diante dos processos sociais mais violentos de alienação e desenvolvimento pessoal, com abertura para o social. Em seu trabalho de livre-docência, *Trabalho e sobrevivência: mulheres do campo e da periferia de São Paulo* (1988), em que se debruçou de forma sensível sobre longos depoimentos de mulheres pobres, empregadas domésticas, a respeito do seu próprio trabalho e de suas condições de vida, ela conclui: "A submissão é a herança incontestável das narradoras". Mas também se pergunta:

> *É possível opor uma dúvida ao caráter absoluto da submissão? A fome, o trabalho, as ordens, as punições, o medo, a sujeição serão os únicos conteúdos das narrativas? Não há um vislumbre da individualidade das narradoras que se intromete, tímido, arranhando a superfície opaca de um destino coletivo de rebanho dócil?*

E é ela própria quem responde, a partir do que recolheu nos depoimentos das mulheres:

> *Acredito que sim, e que é preciso pesar bem pesado o valor de uma explicação que reduz a subjetividade ao domínio da ideologia, que aí estaria livre para compor como quisesse os corpos dóceis e a homogeneidade do comportamento. Porque nenhuma das mulheres, que me ajudaram a alinhavar esta narrativa das suas narrativas, permitir-me-ia supor que elas são cegas ou surdas aos conflitos que dilaceram suas vidas, nem mesmo supor que apenas vivam os conflitos e não reflitam sobre eles, que não saibam onde localizá-los.*

A busca da expressão individual, do saber de cada um e uma, como um fio condutor: em sala de aula, na formação de cooperativas, na escuta das narrativas das mulheres pobres da Vila Helena, trabalhando sempre na tensão da consciência da opressão com a esperança de encontrar a liberdade.

Para aprofundar o exame dessa tensão, Sylvia também recorre à literatura, propondo-a como instrumento privilegiado de auxílio à Psicologia Social. A literatura é trabalhada por ela com o objetivo de que emerjam elementos para a interpretação dos fenômenos que presidem a formação da subjetividade. Em outro de seus cursos na pós-graduação, Sylvia elegeu um autor, Kafka, que expressou em letra o espírito da vida na sociedade administrada de nossos tempos. Através de Kafka, Sylvia punha seus alunos em contato com os conflitos humanos no século XX, dentro da família, do mundo do trabalho, da vida na sociedade burguesa. Sua disciplina tinha o sugestivo nome de *Ação e submissão: a ambiguidade na experiência de Franz Kafka,* que nos permite pensar a própria escrita de Kafka como ação – termo que Sylvia empresta de Hannah Arendt – em seu sentido político, o da "ação individual, cheia de sentido e de conhecimento, voltada para o mundo comum, criado e mantido conscientemente pelos homens" (Mello, 1988). A literatura aqui é tratada como espaço de ação individual, de expressão da subjetividade singular, ao mesmo tempo que expõe as condições de submissão que tanto impelem como impossibilitam essa expressão.

A opção por Kafka no campo literário ilustra a particular compreensão que Sylvia tinha dos processos de socialização inerentes à realização humana. Sob o conceito de *socialização* englobam-se os múltiplos modos de compreender esse incrível fenômeno pelo qual crianças, homens e mulheres formam para si, com os outros, um tecido de comportamentos, atitudes e visões de mundo que os inserem no interior da vida em sociedade, ao mesmo tempo que permite a cada um e uma, crianças, homens e mulheres, se constituir em territórios singulares nos quais essa vida social se realiza. Como moeda de dupla face, o tecido coletivo ganha expressão na tessitura singular de cada pessoa, que, por sua vez, se torna território expressivo e atuante do grupo social mais amplo.

Kafka, à sua maneira, como Goffman, põe de manifesto a violência que está implicada na forma singular que se manifesta nesse urdir de entrelaçamentos dos quais resulta o que somos. Uma violência que ecoava para Sylvia em diversos níveis ou substratos de uma topografia que vincula a cena social manifesta, a vida familiar e a subjetividade de cada um(a). Violência que pode ser reconhecida na alienação e no estranhamento de cada um consigo próprio e do social com os grupos humanos que o constituem. As questões que Sylvia privilegiava em sala de aula exibiam, antes de tudo, seu esforço para priorizar uma leitura crítica de todo esse estranho e gigantesco campo de estudos da socialização. Não se tratava tanto de privilegiar um ou outro autor, nem tanto de criticar uma ou outra visão, mas de despertar com urgência um espírito crítico fundante diante dos processos de vir a ser de cada um e uma. Poderíamos dizer que sua ação como professora, mais do que pôr novos conhecimentos ao alcance de alunos na sala de aula ou de trabalhadores nas cooperativas, foi no sentido de suscitar um desdobrar de cada um(a), mobilizando todo o processo identitário dos implicados no sentido de virem a assumir uma nova configuração – os alunos enquanto psicólogos e os trabalhadores a partir de novos modos de conceber e realizar seu trabalho. E para tal ação ela convocava, sem privilégio exclusivo, tanto diferentes campos do saber – a Psicologia Social, a Psicanálise, a Educação, as Ciências Sociais, a Antropologia, a História, a Literatura – quanto diversos procedimentos de pesquisa – a entrevista, a observação participante, o trabalho com grupos, o debate, a análise de discurso, a clínica social, entre outros –, com a finalidade de permitir a revelação de brechas por onde fosse possível superar os limites do tecido individual e social dos implicados. Para ela, a socialização é um processo contínuo, que se dá em todas as esferas da vida, e por isso seu campo de estudos e de trabalho levou fortemente em consideração o campo da socialização de adultos. Talvez mais do que se perguntar sobre as origens do modo como chegamos a nos constituir – território privilegiado do campo de estudos da socialização, da educação e do desenvolvimento infantil –, Sylvia se lançou atrás da tentativa de superar os sólidos limites do que somos, das ideologias que nos constituem, do nosso modo de nos inserir no mundo do trabalho e numa sociabilidade mais ampla. E é nesse sentido que seu trabalho se alocava num território utópico, ou melhor, transferia a atividade prática do ensino e do trabalho para esse território, porque o que *é* ela abordava de forma a *vir a ser*, num movimento de superação das forças de alienação que suportam e tencionam a trama que nos constitui. E mais do que procurar formular uma técnica de socialização mais adequada, isto é, menos violenta na operação de integrar uma identidade profissional, seja dos alunos ou dos trabalhadores, Sylvia privilegiava a reflexão, uma reflexão cujo foco incidisse ao longo de toda essa ampla topografia que abarca a dinâmica social, os textos selecionados e a própria história pessoal de cada um e uma – daí Kafka, cuja leitura permite a simultaneidade da visão bifocal do coletivo e do singular, da estrutura social e da biografia pessoal, da objetividade e da subjetividade, do externo e do interno, do outro e do eu, do macro e do microssocial. Se Sylvia entrelaçava utopia com realidade, entrelaçava também em sua atividade como professora a formação de seus alunos com suas histórias pessoais e as realidades sociais mais amplas, deixando surgir assim um estudo da Psicologia que é também um refazer de cada um e uma em torno da urgência de refazer um tecido social que supere os violentos limites que dele fazem parte.

Com o mesmo olhar bifocal que leva em consideração simultaneamente as estruturas macrossociais e os seres humanos que as constituem – olhar voltado para o amplo espectro de instituições sociais nas quais se fazem os processos contínuos de socialização –,

Sylvia debruçou-se, em seus trabalhos de ensino e pesquisa, sobre a família. Em seu artigo "Família, uma incógnita familiar" (2002), ela demanda esse olhar, se quisermos compreender algo das organizações familiares:

> *Retirar a família de seu isolamento, colocá-la na história, tratá-la como instituição cujas raízes sociais são inequívocas, compreendê-la aí dentro e, ao mesmo tempo, reconhecer o âmbito da intimidade e a formação da subjetividade, é tarefa complexa.*

Sylvia enfrentou a tarefa com entusiasmo intelectual, colhendo de suas leituras da História, da Sociologia, da Antropologia e da Psicanálise elementos para compreender essa complexa instituição. Ela justifica assim o empenho de entretecer esses saberes:

> *Ambas as modalidades de conhecimento são importantes. Sem a perspectiva macrossocial, seja histórica, antropológica ou sociológica, corremos sempre o risco de hipostasiar formas momentâneas, ou pelo menos não eternas, de organização, quer do parentesco, quer da sexualidade e do casamento. Desde Freud, a Psicanálise se aproveita desses conhecimentos, colocando-os em nova chave... A Psicanálise chega aos sujeitos, ou seja, dá o passo seguinte, que é transformar os protagonistas culturais em sujeitos únicos, psicológicos, analisando seus conflitos com a cultura e os reflexos deles que se manifestam nas transformações das relações sociais.*

Com liberdade de ir e vir nos caminhos que vão do macro ao micro, da cultura à pessoa, Sylvia refletiu sobre a família enquanto agente socializador por excelência, núcleo humano em que nascemos e que nos introduz numa língua, numa cultura, numa dinâmica complexa de relações. A família é a primeira intermediária de nossas relações com o mundo, mas também um obstáculo potente a essas relações. A atividade de Sylvia junto a trabalhadores, seja em sua pesquisa com as mulheres da Vila Helena ou na incubadora de cooperativas populares, nos permite ver com clareza que os processos de socialização que se dão no interior da família nunca estão desvinculados do conjunto maior dos processos contínuos de socialização que se dão na vida social mais ampla, particularmente na esfera do trabalho. De acordo com Sylvia, para as mulheres da Vila Helena, empregadas domésticas oprimidas e exauridas por seu infindável cotidiano de labuta, este só tem sentido porque possibilita, através do parco salário, a sobrevivência delas e de suas famílias, de seus filhos. E é na família, em suas famílias de origem, que essas mulheres aprenderam a trabalhar. Desde cedo na vida, as mulheres da Vila Helena foram para a roça ou trabalharam em casas de família, na dos outros ou na própria. Foi em família que aprenderam esse modo opressivo e extenuante de viver que se viram obrigadas a reproduzir na vida adulta. Adorno e Horkheimer (1973) mostraram como, na sociedade burguesa, a família serve à reprodução de seres humanos moldados para as relações de trabalho próprias do sistema de exploração capitalista. Seria a partir da submissão incontestável à autoridade familiar que os seres humanos aprenderiam a ser empregados submetidos docilmente aos seus patrões. Eu os cito:

> *Só a família podia fazer surgir nos indivíduos a identificação com a autoridade, idealizada como ética do trabalho, que substituiu funcionalmente o poderio imediato sobre os servos da precedente época feudal.*

Adorno e Horkheimer integram a teoria marxista e a teoria psicanalítica para compreender o impacto, na vida psíquica, das formas de relação entre os seres humanos próprias da sociedade capitalista. Em seu trabalho com famílias, Sylvia também entretece saberes e metodologias para compreender as transformações por que passam as famílias brasileiras. Diz ela:

> *Nesse processo comparativo e de cruzamento de referências, presta-se às mais sérias discussões o modelo da família burguesa em comparação aos modos como ela pôde se organizar no Brasil, seja no passado, seja agora.*

Pensar a família, as relações de gênero e a sexualidade no Brasil hoje tornou-se para Sylvia um programa de ação que ganhou corpo e espaço quando, em 1993, ela criou, dentro do Departamento de Psicologia Social e do Trabalho do Instituto de Psicologia da Universidade de São Paulo, o Laboratório de Estudos da Família, Relações de Gênero e Sexualidade (LEFAM), com o objetivo de desenvolver estudos e pesquisas que propiciassem aos alunos de graduação e pós-graduação oportunidades de trabalho com professores, psicólogos e outros profissionais que, numa perspectiva transdisciplinar, tratassem das problemáticas da família, do gênero e da sexualidade em seus contextos psicossociais. O Laboratório, desde o início, abrigou a formação do Núcleo de Estudos e Pesquisas em Prevenção à AIDS (NEPAIDS), coordenado pela Professora Vera Paiva, que desenvolve trabalhos de pesquisa, formação e assistência voltados para os temas da sexualidade, das relações de gênero e da aids numa perspectiva psicossocial.

Desde a sua criação, o LEFAM vem sendo um polo de aglutinação de pesquisas que envolvem famílias em suas relações com o mundo do trabalho, com os processos mais amplos de socialização, com outras instituições sociais, como a escola e o Poder Judiciário –

pesquisas essas que se desdobram em iniciações científicas, dissertações de mestrado, teses de doutorado e de pós-doutoramento, eventos científicos e intercâmbios com outras instituições. Suas linhas de pesquisa abarcam formas de intervenção junto a famílias em contextos sociais diversificados, visando o atendimento psicossocial a grupos familiares que vivem situações de instabilidade e sofrimento. Na formulação de seus objetivos, Sylvia pensou um laboratório de Psicologia Social que se constituísse como um amplo guarda-chuva para acolher diversas linhas de pesquisa e assistência a famílias, propiciando, ao mesmo tempo, o aprimoramento das formas de intervenção, a verificação de sua aplicabilidade e o cotejamento entre diferentes modos de abordar e intervir em contextos diversificados, buscando a eficácia dessas intervenções, além da emergência de situações de pesquisa teórica e de formação de alunos e de trabalhadores nas áreas da saúde e da assistência social.

O amplo plano de pesquisas inicialmente concebido por Sylvia tem se caracterizado por um desdobrar contínuo, a partir de um núcleo inicial que aos poucos foi absorvendo e sendo transformado por novas intervenções que, no processo, são estruturadas e realizadas com a intenção de constituir um cardápio de situações de atendimento diversas o suficiente para oferecer um campo de debates crítico-comparativo rico para a produção de reflexões teóricas que visem um melhor entendimento do trabalho com famílias em diferentes situações e contextos institucionais. Se a Psicologia Social deve ter como preocupação realizar as pontes entre as diversas teorias e a realidade dos seres humanos, torna-se importante um espaço aberto, na formação de alunos e trabalhadores, para um campo que integre teorias e práticas, textos e vivências que se entrelacem na compreensão da realidade – campo por excelência da Psicologia Social. Lidar com a socialização em seus diferentes processos, agentes e lugares institucionais é, ao mesmo tempo, estudo e prática, conhecimento da realidade e tentativa de transformá-la. Sylvia parecia não se satisfazer apenas com a compreensão de como as coisas se dão no terreno da socialização; ela se mantinha sempre alerta à imperativa demanda que o estado de coisas da estrutura social do nosso país suscita, lançando-se na direção de construir territórios que contribuíssem para introduzir, no campo da cidadania plena, a gigantesca multidão de homens e mulheres que, como resultado do violento processo histórico-cultural de construção do nosso modo de ser brasileiro, foram desapropriados das condições para participar com dignidade no interior de nosso tecido social.

Referências

Adorno, T., & Horkheimer, M. (1973). Família. In *Temas básicos de sociologia*. Cultrix/Edusp.

Goffman, E. (1974). *Manicômios, prisões e conventos*. Perspectiva.

Marcuse, H. (1979). *A ideologia da sociedade industrial: O homem unidimensional*. Zahar.

Mello, S. L. (1988). *Trabalho e sobrevivência: Mulheres do campo e da periferia de São Paulo*. Ática.

Mello, S. L. (2002). Família, uma incógnita familiar. In *Família: Conflitos, reflexões e intervenções*. Casa do Psicólogo.

Mello, S. L. (2013) Programa Incubadora Tecnológica de Cooperativas Populares da Universidade de São Paulo: história, reflexões e práticas. *Revista de Cultura e Extensão*. http://www.usp.br/prc/revista/pp3.html.

NEPAIDS – Núcleo de Estudos para a Prevenção da AIDS. (2013). http://nepaids.vitis.uspnet.usp.br.

GRÁFICA PAYM
Tel. [11] 4392-3344
paym@graficapaym.com.br